The *Manchester German texts* series has been devised in response to recent curricular reforms at school and undergraduate level. A major stimulus to the thinking of the editorial board has been the introduction of the new A level syllabuses. The Manchester editions have accordingly been designed for use in both literature and topic-based work, with the editorial apparatus encouraging exploration of the texts through the medium of German. It is envisaged that the Manchester editorial approach, in conjunction with a careful choice of texts and material, will equip students to meet the new demands and challenges in German studies.

# *Dantons Tod* and *Woyzeck*

# Georg Büchner

## *Dantons Tod* and *Woyzeck*

edited with introduction and notes by

### Margaret Jacobs

Emeritus Fellow, St Hugh's College, Oxford

## Manchester University Press
Manchester and New York

distributed exclusively in the USA by St. Martin's Press

German text of *Dantons Tod* © Christian Wegner Verlag GmbH, Hamburg 1967
German text of *Woyzeck* © Hitzeroth, Marburg 1996
All matter in English © Margaret Jacobs 1996

*Published by* Manchester University Press
Oxford Road, Manchester M13 9NR, UK
*and* Room 400, 175 Fifth Avenue, New York, NY 10010, USA

*Distributed exclusively in the USA by*
St. Martin's Press, Inc., 175 Fifth Avenue, New York, NY 10010, USA

*British Library Cataloguing-in-publication data*
A catalogue record for this book is available from the British Library

*Library of Congress Cataloging-in-publication data*
Büchner, Georg, 1813–1837
    Dantons Tod and Woyzeck / edited with an introduction and notes by
Margaret Jacobs. — 4th ed.
        p.    cm. – (Manchester new German texts)
    ISBN 0-7190-4353-0
    1. Danton, Georges Jacques, 1759–1794—Drama.
I. Jacobs, Margaret, 1922–. II. Title. III. Series.
PT1828.B6A6   1996
832'.7–dc20                               96-15119


ISBN 0 7190 4353 0 *paperback*

First edition published 1954
Second edition, 1963; reprinted 1968, 1970
Third edition, 1971; reprinted 1976, 1978, 1983, 1987, 1993

This edition first published 1996

00  99  98  97  96        10  9  8  7  6  5  4  3  2  1

Typeset in Times
by Koinonia Ltd, Manchester
Printed in Great Britain
by Bell & Bain Limited, Glasgow

# Contents

Preface to the fourth edition                    *page* vii
List of abbreviations                                  viii

Introduction                                              1
Select bibliography                                      22

*Dantons Tod*                                            25
   Erster Akt                             27
   Zweiter Akt                            50
   Dritter Akt                            67
   Vierter Akt                            85

*Woyzeck*                                                97

Chronology of Büchner's life and works                  123

*Dantons Tod*
   Historical background                 126
   Büchner's main sources                127
   Extracts from Büchner's sources        127
   Index of historical persons           130
   Notes to the text                     136

*Woyzeck*
   Notes to the text                     161

# Preface to the fourth edition

The text of *Dantons Tod* is based on vol. 1 of Professor Werner R. Lehmann's critical edition of Büchner's works ('Hamburger Ausgabe', Wegner Verlag, Hamburg, 1967; 2nd edn, Munich, 1974), with emendations to restore the manuscript version (see bibliography).

The text of *Woyzeck* is based on the *Lese- und Bühnenfassung* in the *Studienausgabe* by Thomas Michael Mayer (Hitzeroth Verlag, Marburg, 1996, see bibliography).

I should like to express my gratitude to Dr Mayer, who has very generously allowed me to see his edition in proof and to the Hitzeroth Verlag for allowing me to base my edition on the *Lese- und Bühnenfassung*.

Professor Burghard Dedner has also very kindly assisted me in the negotiations with the Forschungsstelle Georg Büchner in Marburg.

*October 1995*                                                                                    M.J.

# List of abbreviations

| | |
|---|---|
| **GBJb** | Georg Büchner Jahrbuch |
| **GDW** | Grimms deutsches Wörterbuch |
| **GRM** | Germanisch-romanische Monatsschrift |
| **H.A.** | Hamburger Ausgabe (ed. Werner R. Lehmann), vols 1 and 2 |
| **MHG** | Middle High German |
| **P.** | Sämtliche Werke, Briefe und Dokumente (ed. Henri Poschmann), vol. 1 |

# Introduction

Georg Büchner, a student of medicine and natural science, arrests our attention by reason of his spare-time literary productions. His death at the age of twenty-three cut short a scientific career which was likely to have been distinguished. His writing inspired Gutzkow with enthusiasm, but it was not until some years after his death that Büchner was widely acknowledged as a writer of significance. K. E. Franzos's essays on Büchner of 1875–8, together with his collected edition of Büchner's works (1879), deficient though it was, marked an important stage on the way to fuller recognition in the last decades of the nineteenth century. The young Gerhart Hauptmann lectured on him and read his work to the literary club 'Durch' in 1887, fifty years after Büchner's death. He aroused interest not only at the turn of the century, but also in the years following the First World War, when his radical socialist tendencies and the quality and style of his writing made a much fuller impact. In 1937 the Group Theatre in London elected to play *Dantons Tod* in a translation by Stephen Spender and Goronwy Rees; this play was written in 1835 when Büchner was twenty-one. *Woyzeck*, the fragment written some time during the next two years and discovered after his death, inspired a remarkable experiment – Berg's opera, *Wozzeck*, which was produced for the first time in Berlin in 1925. Between these two plays Büchner made an excursion into satirical-ironic comedy with *Leonce und Lena*, with its 'grave echoes' of despair and melancholy,[1] and wrote *Lenz*, a brilliant study of the young *Sturm und Drang* writer's approaching madness. But Büchner had never intended to make literature his career.

In his choice of a specialism he wavered between pure philosophy and natural science, finally choosing natural science and becoming a lecturer in the University of Zurich in the year before he died. His research on the nervous system of the barbel and his trial lecture *Über Schädelnerven* (1836) were highly thought of at the time.[2]

In politics Büchner appears from his letters and from the political pamphlet *Der Hessische Landbote* to have held very firm views; he was a socialist and a revolutionary, and remained so even after he had ceased to apply his convictions in action. He was convinced that nothing would be achieved by the liberal bourgeois and 'Junges Deutschland' methods of propaganda addressed chiefly to the middle classes, that Gutzkow's idea of changing society

1

by education was useless, and that the demand should be for a clean sweep of the board – for a republic, not a constitutional monarchy. The only effective political method for the situation of his day was the application of brute force, a rising of the poor against the rich. When his revolutionary activity was over and he was devoting his whole time to preparing himself for a university career, Büchner wrote to Gutzkow from his refuge in Strasburg:

Übrigens, um aufrichtig zu sein, Sie und Ihre Freunde scheinen mir nicht grade den klügsten Weg gegangen zu sein. Die Gesellschaft mittelst der *Idee*, von der *gebildeten* Klasse aus reformieren? Unmöglich! Unsere Zeit ist rein *materiell*, wären Sie je direkter politisch zu Werke gegangen, so wären Sie bald auf den Punkt gekommen, wo die Reform von selbst aufgehört hätte. Sie werden nie über den Riß zwischen der gebildeten und ungebildeten Gesellschaft hinauskommen.

Ich habe mich überzeugt, die gebildete und wohlhabende Minorität, so viel Konzessionen sie auch von der Gewalt[3] für sich begehrt, wird nie ihr spitzes Verhältnis[4] zur großen Klasse aufgeben wollen. Und die große Klasse selbst? Für die gibt es nur zwei Hebel, materielles Elend und *religiöser Fanatismus*. Jede Partei, welche diese Hebel anzusetzen versteht, wird siegen. Unsre Zeit braucht Eisen und Brot – und dann ein *Kreuz* oder sonst so was. Ich glaube, man muß in sozialen Dingen von einem absoluten *Rechts*grundsatz ausgehen, die Bildung eines neuen geistigen Lebens im *Volk* suchen und die abgelebte moderne Gesellschaft zum Teufel gehen lassen. Zu was soll ein Ding, wie diese, zwischen Himmel und Erde herumlaufen? Das ganze Leben derselben besteht nur in Versuchen, sich die entsetzlichste Langeweile zu vertreiben. Sie mag aussterben, das ist das einzig Neue, was sie noch erleben kann (H.A.2, p. 455).

Büchner's view was that the gulf between the lower class and the middle class with its selfish interests would never be bridged. He claimed that any party which could take advantage of the people's hunger and their capacity for religious fanaticism would come out on top. He was clear that his age did not need ideas, but 'Eisen und Brot' – implying perhaps that radical political goals can be achieved with weapons and bread, plus a third commodity, 'ein Kreuz oder sonst so was' (an offhand, cynical reference to the need for an irrational motivating force). Thomas Carlyle records a saying which had become proverbial during the French Revolution, attributing it to a Convention representative: 'With bread and iron you can get to China',[5] making it clear from the context that this applies to the revolutionary armies, destitute of most things, but fighting for the rights of man. It may be that Büchner found the saying somewhere in his sources, or had remembered the phrase from Barère's 'Du *pain* et du *fer*, voilà le meilleur des mondes' from his possible source, Vilatte.[6]

Büchner's ideas were at the time of his letter to Gutzkow in 1836 as consistent as two years before, when he threw himself with all his energy into the organisation of the *Gesellschaft der Menschenrechte* in Gießen and Darmstadt. They had not changed since he wrote *Der Hessische Landbote* in 1834, the pamphlet designed to awaken the peasants of Hesse to a consciousness of their condition and to incite them to force. Büchner was no cold logician; his political convictions emerged from an angry impatience with ineffective political measures and from a profound social pity. His renunciation of political action was not a renunciation of his ideas. In Strasburg he was on oath not to continue his revolutionary activities; if he had done so he would have prejudiced his career and his chance of providing security for Minna Jaeglé, his fiancée. But he knew too that the time was not ripe for the kind of revolution that he envisaged. In 1835 he wrote to his brother: 'Ich habe mich seit einem halben Jahre vollkommen überzeugt, daß nichts zu tun ist und daß jeder, der im Augenblicke sich aufopfert, seine Haut wie ein Narr zu Markte trägt' (H.A.2, p. 440).

Büchner was convinced of the ultimate necessity for a social revolution. He was undoubtedly one of the first in Germany to link politics uncompromisingly with a concern for economic conditions. Once he watched ragged, freezing children at the Christmas fair in Strasburg, standing with wide-open eyes and sad faces in front of the flimsy rubbish on the stalls. 'Der Gedanke, daß für die meisten Menschen auch die armseligsten Genüsse und Freuden unerreichbare Kostbarkeiten sind, machte mich sehr bitter', he wrote (H.A.2 p. 452). In Büchner the activist this kind of pity fed political conscience and drove him towards the only practical remedy he could envisage – a rising of the masses in armed violence. In Büchner the dramatist the phenomenon of the French Revolution, the picture of past violence, raised the question of human responsibility and inspired a pessimistic view of the whole human condition. Thus the naive picture of the French Revolution in the *Hessische Landbote*, doctored for propaganda purposes and published in July 1834, conflicts violently with the horror-stricken outburst in a letter Büchner wrote to his fiancée in January 1834:

Ich studierte die Geschichte der Revolution. Ich fühlte mich wie zernichtet unter dem gräßlichen Fatalismus der Geschichte. Ich finde in der Menschennatur eine entsetzliche Gleichheit, in den menschlichen Verhältnissen eine unabwendbare Gewalt, Allen und Keinem verliehen. Der Einzelne nur Schaum auf der Welle, die Größe ein bloßer Zufall, die Herrschaft des Genies ein Puppenspiel, ein lächerliches Ringen gegen ein ehernes Gesetz, es zu erkennen das Höchste, es zu beherrschen unmöglich. Es fällt mir nicht mehr ein, vor den Paradegäulen und Eckstehern der Geschichte mich zu bücken. Ich gewöhnte mein Auge ans Blut. Aber ich bin kein Guillotinenmesser. Das *muß* ist eins von den Verdammungsworten, womit der Mensch getauft worden. Der Ausspruch: es muß ja Ärgernis kommen, aber wehe dem, durch den es kommt – ist schauderhaft. Was ist das, was in uns lügt, mordet, stiehlt? Ich mag dem Gedanken nicht weiter nachgehen (H.A.2, pp. 425f).

This letter shows Büchner overwhelmed by the spectacle of people who are helpless in the face of uncontrollable historical events. Their ineffectiveness reduces them in his mind to puppets and removes all greatness and heroism from the historical scene. He cannot square the fact of being subject to determining forces with the idea of moral responsiblity, and instances the

3

betrayal of Christ by Judas Iscariot, quoting from Matthew 18:7: 'es muß ja Ärgernis kommen, aber wehe dem, durch den es kommt'. These words reappear as Danton's own (see p. 60), together with the conception of a horrible uniformity in human nature and of an unavoidable compulsion in human affairs.

In the first few months of 1835 Büchner is living under pressure. He has so far skilfully evaded arrest for his subversive activities, but is still suspect; yet he continues those activities in his home town of Darmstadt in spite of his father's vigilance. As soon as it becomes clear that he must escape and must have money, he works feverishly at *Dantons Tod*, which he turns out in five weeks while his brother keeps watch on the stairs. 'The Darmstadt police were my muses,' he wrote later to Gutzkow. Under stress, expecting like Danton to be arrested at any moment, facing the possibility of permanent exile, Büchner projects in his first play a dark vision of the revolution from the angle of disillusion and death. He chooses the period of the Terror, when the pace of the revolution accelerates, and men fall from power with unparalleled rapidity. The great deeds are over, the central figure of the play is weary and cynical, there are no genuine ideals and there are no heroes. Danton's moment is past, and it is his turn to be consumed by the revolution which devours its own children. Robespierre has present power, but Danton's fate casts a shadow over him, and he too will be cast aside when he has served his purpose.

Neither Danton nor Robespierre can quieten that part of the mind which questions motives and searches for meaning. Danton is haunted by the spectre of his past action, the revolting and 'inevitable' measures he took to save his country in September 1792. In the night-silence, when his conscience begins to work, the vision of the September massacres returns in nightmare form. Then comes the feverish search for self-justification, the catechism of Julie, the final recognition: 'Ja das hab' ich. Das war Notwehr, wir mußten', with the painful cry, 'Wer hat das M u ß gesprochen, wer? Was ist das, was in uns hurt, lügt, stiehlt und mordet?' (p. 60). What is the evil in us? Why did we have to massacre in self-defence? Danton is given Büchner's own words (see the letter quoted above) as he attempts to quieten his conscience, and he calms himself with the answer that we do not bear the ultimate responsibility, for we are tools manipulated by unseen hands; he has answered his conscience, he has done what Büchner said was the only thing left to do, to face the worst, the 'ehernes Gesetz', and recognise it for what it is, 'es zu erkennen das Höchste, es zu beherrschen unmöglich'.

In this scene, which is set at the moment of tension before the arrest, we see Danton without the mask of cynicism and apathy, revealing a torment which is known to Julie alone. The dream he recounts to her is a vivid image of the world heaving and plunging like a runaway horse, dragging its rider through

4

dizzy space with his head down and hair streaming out over the abyss. This is an image of panic, powerfully evocative of Danton's subconscious fear and defencelessness in the face of uncontrollable events. It is an image of the world run mad, so vivid that it dominates the mind throughout the scenes which follow.

This scene between Danton and Julie is at the hub of the play. The first two acts show the events leading up to Danton's arrest, with Danton refusing to take an energetic line, goading Robespierre by poking holes in his moral chainmail, dallying with the prostitutes in the Palais Royal, contemplating escape and rejecting it, reliving his fears and mental torment. During this first half of the play, which ends with Robespierre and Saint-Just playing out their bait to the Convention, Robespierre, like Danton, is given a moment of self-revelation, when the mask is down. The end of the first act marks their meeting in a scene which promises a political discussion and turns, by Robespierre's insistence that 'Virtue must reign through Terror', to the question of morality. Danton reiterates the theme which runs through the play: we are all alike, we all act from motives of self-interest, we all do what will give us most pleasure: 'Jeder handelt seiner Natur gemäß d.h. er tut, was ihm wohltut'; virtue and vice are relative terms. Robespierre, left to himself, ponders this and questions his own motives; he suspects that they are not so pure as he pretends in public. He tries to convince himself that it is necessary to kill Danton for the sake of the republic, but Danton's barbs have struck home and will not let him rest. At the end of the monologue he produces a totally irrational and confusing argument in his attempt at self-justification. In the night outside, thoughts and desires concealed by day are taking shape in men's dreams. Are not our waking hours a clearer dream? Robespierre asks. Are not our actions like those of a somnambulist, only more coherent and complete? No one can be held responsible for dream actions. The sin is in our thoughts; it is purely a matter of chance whether these become embodied in action. Here Robespierre is weakly trying to argue that he is not responsible for what he is doing, attempting to quieten his conscience, which is accusing him of injustice against Danton. The following scene with Saint-Just shows Robespierre impelled to action by others and forced to tighten the net round his enemies, his former friends, in order that the revolution shall proceed. Acclaimed by the people as a Messiah, Robespierre now interprets this role in savage, bitter and despairing terms: 'Jawohl, Blutmessias, der opfert und nicht geopfert wird .... wir ringen Alle im Gethsemanegarten im blutigen Schweiß, aber es erlöst Keiner den Andern mit seinen Wunden.' He knows that there is no redemption through blood.

Saint-Just's vision of the revolution at the end of the second act contrasts with these insights, with this feverish self-questioning in Danton and Robespierre. He feels no friction in the uncontrollable flow of historical events; there are no pricks for him to kick against. His speech gives us the straightforward imagery of the fanatic who would ride roughshod over millions of individuals for the sake of the Idea. The revolution for him is like the daughters of Pelias, dismembering humanity to make it young, grandiose and uncontrollable like the laws of nature. Saint-Just has no problem. But Saint-Just's vision of the revolution does not match its progress. There is a marked contrast in the play between grandiose political rhetoric and the meanness of the struggle between political parties, involving trickery and deceit. The men in power are using their speeches and propaganda phrases to guillotine their opponents (Act III, 3).[7] Danton's inaction is his own choice and is politically disastrous.

The second half of the play sees the Revolutionary Tribunal in action, Danton finally defending himself with the famous stentorian voice and a brilliant flash of the old vigour, and in prison taking the central role in a meditation on pain, death and annihilation. The material for the trial itself, the speeches made by Robespierre before the Jacobin club and the National Convention, and Danton's defence are skilfully appropriated from the sources which Büchner used, with a certain minimum of cuts and alterations which show a due regard for clarity and theatrical effectiveness. Thus about one-sixth of the text is taken almost verbatim from historical sources. This is hardly surprising when we consider the dramatic and moving character of the histori-cal facts.[8] With the utmost economy of means, Büchner has brought home to us the extraordinary feature of Danton's trial – that he almost slipped the noose because of his reverberating defence. As Carlyle wrote: 'O Tinville, President Herman, what will ye do? ... The Galleries already murmur. If this Danton were to burst your mesh-work! – Very curious indeed to consider. It turns on a hair.'[9]

Büchner wrote when he had finished the play that he had wanted to be as accurate as possible in his presentation of historical character and event, and so the characters of his drama were bound to appear 'blutig, liederlich, energisch und zynisch' (H.A.2, p. 438). He wrote also that in his view the dramatist must re-create history, transporting us to the age he is representing, and making it live. The letters in which these statements occur were written in self-defence to his shocked and disapproving family. It was quite natural, however, that Büchner should take full advantage of the subject to write the scenes which history had left unwritten, and to express there a freer interpre-tation of events and persons. He departs from history for dramatic effect and to intensify pathos; examples are the differences between the reported interview between Danton and Robespierre in the sources and the interview as it takes place in Büchner's play (see Act I, 6, note 8), and the changes in the life story of Julie Danton and Lucile Desmoulins (see the 'Index of historical persons'). He also departs from history to give us a range of feelings and attitudes which underline his main themes. The prison scenes are an unparalleled opportunity

6

for passages of discussion and spoken meditation, where the dramatist's imagination is released from the bondage, or challenge, of history. So the third act opens with Payne catechising Chaumette (contrary to his historical reputation) in the tenets of atheism, expressing Büchner's own thoughts and reiterating the theme which has already come to us through Danton, Camille, Hérault and Marion: 'Ich handle meiner Natur gemäß.' The opening of Act III, where Chaumette the atheist is struggling to retain his faith, could perhaps be regarded as comic relief, until Payne touches on two of the principal themes in the play: that suffering is inevitable and makes a positive view of life impossible, and that good and evil are relative. Later in the same act the Dantonists contribute extravaganzas on the subject of pain, death and decay and a romantic yearning for the peace of complete annihilation. Danton's nihilistic pessimism sets the tone:

Der verfluchte Satz: etwas kann nicht zu nichts werden! und ich bin etwas, das ist der Jammer! ... Das Nichts hat sich ermordet, die Schöpfung ist seine Wunde, wir sind seine Blutstropfen, die Welt ist das Grab, worin es fault.

Creation is a huge cosmic error and humanity is part of the evidence. 'Something went wrong in the making of us,' Danton had said earlier. This conjures up a whole line of later nihilistic speculation in German literature; Hebbel, who could after all reassure himself with a system, quoted in his diary nearly ten years after *Dantons Tod*, 'Die Welt ist Gottes Sündenfall.' Danton sees salvation not in death, which is merely a less organised form of decay than life, but in complete extinction; and in the very next moment, pathetically, he has to cling to a human relationship: 'O Julie! Wenn ich a l l e i n ginge! Wenn sie mich einsam ließe!' So from the nihilistic mood Büchner modulates with great virtuosity into cynicism, tenderness, yearning for life, self-dramatisation and sudden honest anguish. The nihilistic theme reaches a climax in the final choral fantasy of the second prison scene of Act IV, where the language becomes even more stylised and rhythmical as Danton, Camille and Hérault echo the question, 'Is it for the delight of the gods that we suffer?' Finally Danton utters his closing paradox: there is no hope and yet there is a pure ideal, an 'absolute' in Nothingness, the God who is yet to be born. 'Die Welt ist das Chaos. Das Nichts ist der zu gebärende Weltgott.' Philippeau, in contrast to the others, is the man of straightforward moral integrity, whose firm religious beliefs remain unshaken in the face of death.

From one point of view the intellectual death throes of Danton and his friends contain a profound dramatic irony. Republican rhetoric and a lavish sense of style are all that is left to those who have ceased to be men of action. The game of politics is over but the game of ideas can still be played, the game of finding words for a desperate cynicism or an intense longing for annihilation. Against these exaggerated attempts to control the situation by words if by nothing else, the sudden drops into simplicity, honesty or plain heartbreak come with the right dramatic effectiveness. Camille, when he attempts to deflate the last large gestures of intellectual heroism and tear the mask from the 'old, common everlasting sheep's head', brings a welcome vehemence, and the delicate poetry of the Lucile–Camille relationship brings something of beauty into despair.

Action in the sense of outer action does not matter in this play beyond the event of Danton's fall and the measures taken briefly to secure it. What matters is the mental reaction to the situation and the range of ideas and emotions precipitated by the event. The real drama of Robespierre against Danton remains in the background; the drama of political events remains largely unexploited. The crisis which Büchner has chosen to present, instead of setting political opponents at loggerheads and making them attack, separates the opponents after one brief meeting and makes them into observers of their own reactions. The central event precipitates individual crises that are more private and lyrical in character than truly dramatic. The monologues which express them do not mark stages in an inner action; they are impressive, but static revelations of states of mind and feeling. So with the prison scenes, where the reactions to the situation become choric comment on a metaphysical theme. The play pulses with dramatic life in the parts taken directly from history, particularly in Danton's great scene before the Tribunal, but also in the finely organised crowd scenes, which, apart from a few hints taken from Shakespeare, are entirely Büchner's own.

One of these crowd scenes, *Eine Promenade* in Act II, illustrates remarkably well the novelty of Büchner's technique, and the way in which he treats his themes. The crowd, which in traditional dramatic practice provides a comment on the main action or works up an atmosphere for the sake of the central figure, here steps into the foreground of the action, while the central figure (Danton) withdraws into the role of cynical commentator. The situation resembles at first glance the 'Vor dem Tor' scene in Goethe's *Faust, Part I* (which, quite naturally, Büchner read and admired). Small groups of different types move across the stage. First there is the comic episode with Simon the prompter and the naive and drunken citizen, who is not quite sure who has borne him his latest child. The plaintive verse of the street singer forms the background to their talk, giving the note of sympathy for the group which is exploited and duped. The beggar scoffs at the middle-class doctrine of work, the prostitutes pursue their trade, and the respectable class, with its false refinement, produces artificial sentiments and malicious rumours. Danton revels with lurid delight in the erotic atmosphere, and finds life worthless, trivial and gruesomely ridiculous. 'It's enough to make the dead laugh!' is his reaction. The final episode points towards stylisation and foreshadows the caricatures of the captain and the doctor in *Woyzeck*. The first speaker is rhapsodic over the technical progress of the age, the second over the theatrical spectacle he has just witnessed. Both of these represent a flight from reality and a false estimate of it, the final words of the scene underlining the escapist mood, the avoidance of life itself for the pasteboard imitations of it which Camille ridicules in the following scene. The second speaker is also plagued with the feeling that the earth is hollow; this is the symptom of those who have lost all sense of values and of the real world, who have lost any sense of stability and are at the mercy of an intense anxiety. The whole is a concise comment on the moods and attitudes of the people. It is a satirical comment: society on all its levels is following its own path to decadence, 'everyone according to his nature'and the beggar has the best of it.

Büchner's first play is clearly not a tragedy in the classical manner. There is no single line of development to which every element in the drama is subordinated, centred on a dignified, heroic figure. Instead of a concentrated, integrated pattern of acts and scenes we have looseness of structure and variety of tone; scenes of anguish and horror are set side by side with comic and absurd scenes which often perform a double function of providing relief and augmenting the pathos. Büchner has written a moving play, and Danton is an impressive and sympathetic figure, complex, vital and commanding even in his disillusioned, weary scepticism. His fate, as a man whose genius saved France but who is now rejected by the people and sickened by events, is no less tragic because his role in history at this point is a passive one.

The play's constantly shifting perspective and the ironic juxtaposition of attitudes strike readers as particularly modern, leaving them to work out positions from the very stuff of the dialogue instead of giving them a world in which assumptions about truth or moral values can be taken for granted. The language modulates with the characters and situations instead of being tuned all through to the solemnity of events. Büchner is capable of producing compellingly rhetorical passages to express serious ideas and emotions, as well as the hollow rhetoric of wordy political fanatics. It is characteristic of him that he is able to marry luxuriant metaphor and highly coloured idiom with a cool, undercutting irony and the lyricism of tender and romantic moods.

After *Dantons Tod* Büchner writes the comedy of love *Leonce and Lena* and the impressive story fragment *Lenz*, before producing a second tragedy, *Woyzeck*. This unfinished drama, in which Büchner succeeds in detaching himself entirely from his characters, is an utterly convincing presentation of life in its starkest aspects. It is written in obedience to a dark vision, and the harsh dissonance of the theme is unrelieved, playing itself out within an atmosphere of apprehension, bewilderment and terror. In spite of this there is a striking poignancy and an unmistakable appeal to the emotions. The drama urgently claims attention, takes hold of its audience and leaves it with the sense that this is remarkable work.

The few facts which need to be known about Büchner's main source can be briefly given.[10] Woyzeck was an actual person, a one-time barber and soldier, who was arrested in 1821 in Leipzig for stabbing to death Frau Woost, the widow with whom he had been living. He was in prison for three years before his execution while evidence of a disturbed balance of mind was being considered. The detailed reports of the case published by the *Hofrat* Clarus between 1824 and 1826[11] became Büchner's chief source. Clarus reports Woyzeck's claim that he sees fiery visions, that he is persecuted by the freemasons, whose secret signs have been revealed to him in a dream, that he hears warning and seductive voices and subterranean noises. A voice had persuaded him to kill the woman, urging continually 'Stich die Frau Woostin tot!' The events leading up to the crime overlap closely with scenes of Büchner's play. There is a dance where the woman dances with Woyzeck's rival, a fight in an inn, Woyzeck's purchase of the knife, the sharing out of his belongings, then the attempt to throw away the knife after the murder. The actual Woyzeck was passionate, uncontrolled and brutal, bitter at the way he was treated by officers in the army, haunted by the memory of his only child, which he had previously abandoned with its mother. There are no details of the woman he murdered, except that she despised Woyzeck for his poverty.

The Woyzeck of Büchner's play is poor, abused, inarticulate and over-strained, in love with Marie and deeply faithful to her. Büchner's realisation of this character, this – in his day – entirely new type of dramatic 'hero', is full of a profound and gentle insight, and entirely without sentimentality. In spite of the ugliness, degradation and ridicule which surround him, Woyzeck is established from the beginning with a certain dignity and his own peculiar pathos, remaining throughout in the focus of our attention and emotion as an individual, not as a cipher, nor as 'representative' man. Büchner's methods with his characters serve his purpose to emphasise the reality, the intuitive, living quality of the lower-class people in the play, particularly of Woyzeck and Marie, as against the artificial sentimentality of the captain and the frigid ruthlessness of the doctor. Büchner has stylised these last two characters because they represent the class whose lives have petrified into formulae. They are part of the alien world which surrounds Woyzeck, and are his persecutors. For the captain Woyzeck is an object of derision, for the doctor an object of degrading and exhausting experiments, and the more he suffers, the more interesting he is experimentally; needing money for Marie and the child, he is exposed and susceptibile to these torments. Woyzeck is one of life's victims; he is at the mercy of circumstances and at the mercy of malice, brutality and heartlessness in human nature. His situation is pathetic, but in spite of this wretched existence he has Marie and his child, and they are his world. When Marie is unfaithful, and not until then, his world breaks; that is the tragedy. Woyzeck's social conditions are an organic part of it because they underline the cardinal factor that he possesses little but Marie and the child and relies upon this possession alone for meaning in life. It is not until Woyzeck, already overstrained, is confronted with this loss that he begins to break under the unbelievable harshness of life. Already the appeal to the captain is overwhelming in its poignant urgency: 'Herr, Hauptmann, ich bin ein armer Teufel, – und hab sonst nichts auf der Welt. Herr Hauptmann, wenn Sie Spaß machen –'. This is the core of the drama, and the mainspring of a tragedy which does not depend only on the pressure of conditions which are subject to change, but on certain unchanging aspects of human nature.[12] Woyzeck's loneliness and bewilderment at losing everything in Marie, and his child's loneliness and abandonment, are reflected in the grandmother's story to the children in one of the earliest scenes to be written. It is an exact expression of complete and cruel isolation, perplexity and pain. Büchner adopts the same tone when he is giving a picture of the mind of Lenz, unhinged by bewilderment in a world which has become utterly meaningless and empty:

So kam er auf die Höhe des Gebirges, und das ungewisse Licht dehnte sich hinunter, wo die weißen Steinmassen lagen, und der Himmel war ein dummes blaues Aug, und der Mond stand ganz lächerlich drin, einfältig ... es war ihm Alles leer und hohl ... (H.A.1, p. 94).

Man amongst the ruins of a meaningless, valueless world; man himself in the end as nothing but a 'poor forked animal': this theme predominates, emerging distinctly in the grandmother's *Märchen*, in the cries of the showman – 'Meine Herren! Meine Herren! Sehn Sie die Kreatur, wie sie Gott gemacht, nix, gar nix'; 'Mensch sei natürlich. Du bist geschaffen Staub, Sand, Dreck. Willst du mehr sein, als Staub, Sand, Dreck?' – and in the mock sermon of the drunken artisan, with its repeated 'Warum ist der Mensch?'[13] It crystallises in Woyzeck's experience when Marie becomes unfathomable to him, and is perhaps nowhere more plain than in the very simplest utterance, when Woyzeck comes for Marie immediately after the *Märchen* – 'Marie wir wollen gehn 's ist Zeit.' 'Wohinaus?' 'Weiß ich's?'...

This short scene just before the murder illustrates Büchner's method. The child's song sets the atmosphere, the story brings the theme, and the closing words, without any tricks of emphasis, press it home. The perfectly simple language gives everything necessary in the most concise form, and the art lies in the fact that all the characters say what they would naturally say without dropping into flat, realistic speech. An intensity of feeling is achieved throughout with the minimum of words, and each scene is a unit like the strophe of a poem, reaching completion in itself but contributing ultimately to the whole.

There is convincing evidence of the order in which the scenes were conceived[14] and this gives rise to a number of significant points. The fragments which are conjectured to have been written first give a swift development of the action through the fair scenes, the dance, Woyzeck hearing the voice continually urging him to kill Marie and seeking comfort from Andres, the drunken speech on the theme 'Was ist der Mensch?' (later to be incorporated into the mock sermon of the *Erster Handwerksbursch*), the *Märchen*, the murder, the inn scene which follows ('Tanzt alle, immer zu, schwitzt und stinkt, er holt euch doch einmal Alle'), the children running off to see the body, the return of Woyzeck to the scene of the crime and the comments of the law, 'Ein guter Mord, ein echter Mord, ein schöner Mord ...' These scenes combine to give the starkest and most brutal aspects of the action, showing that in the first impact of the subject the horrifying and pessimistic elements predominated.

The supposed second group of scenes brings a closer attention to Woyzeck's hallucinations, his scene with Andres cutting sticks and the repetition of his visionary experiences to Marie and the doctor.[15] The captain and the doctor, two grotesque characters, are introduced here for the first time, indicating that the circumstances of Woyzeck's life make their appearance at this later stage of writing. The *Tambourmajor* appears briefly now for the first time. Marie, a mere outline in the first group, becomes a more sympathetic figure, with her careless tenderness for the boy, and Woyzeck's love for Marie is emphasised. The motivation and background are thus worked out more fully, and what was chiefly a 'Mordballade im Volksliedsinne' has been expanded into a fuller drama.[16] The scenes which are known to be new from this point complete the action, shade it off into pathos as a form of relief, continue the picture of Woyzeck's day-to-day existence and concentrate on Marie, touching in the relationship with the drum-major and introducing the moving scene of her remorse, which was only hinted at in the second group. The development in Woyzeck and Marie from a cruder to a finer and more subtle conception is particularly marked. Büchner now sees Marie as faithful to Woyzeck until this moment, and follows the sudden uprush of her innate sensuality with the scene in which she reads the Bible and finds herself there, but cries in an agony to God because her heart is dead, and because she cannot 'go, and sin no more'. 'Herrgott! Herrgott! Ich kann nicht.' Marie knows that what she has done is an offence, and Woyzeck too speaks of it as 'eine Sünde'. This self-awareness and helplessness in the face of her natural impulses is expressed in the most moving terms, with a skilful use of those biblical passages which have always evoked the straightforward emotional response.

In constructing Woyzeck's visionary experience, Büchner has elaborated the real Woyzeck's fear of the freemasons and his fiery visions into something more haunted, mysterious and elemental. Büchner does not intend us to consider Woyzeck insane, or even primarily as a pathological case; he has drawn him as an ill and anxiety-ridden human being with taut nerves, wrought up to a pitch of hypersensitiveness, where sounds and colours are magnified to abnormal proportions. Nature for him holds a terror and a mystery, and he is held fascinated by an elemental world whose meaning he cannot fathom but which speaks to him audibly. Out in the toadstool-ridden fields there are signs and strange sounds. The fire and thunder of the storm bring to his mind the images of the Apocalypse and of the divine acts of judgement – fire from heaven, thunder like angels' trumpets, voices and the smoke of ruined cities. His hallucinations have all the terror and ecstasy of weird folk superstition, and in his inarticulateness before the doctor he can only give to all these unintelligible, irrational and fearful things the name 'die doppelte Natur'. The mysteriousness of it comes across with magnificent effect because Woyzeck's words are tersely allusive, not explanatory: 'Es geht hinter mir, unter mir *stampft auf den Boden* hohl, hörst du? Alles hohl da unten.' 'Andres! Wie hell! Ein Feuer fährt um den Himmel und ein Getös herunter wie Posaunen. Wie's heraufzieht! Fort. Sieh nicht hinter dich.' When the voices return later, drawing him back to the same scene, calling him to murder Marie, they come with all these associations. The sense of an impending day of judgement underlies them – and primitive justice is to be done in accordance with the voices rising from the earth. The compulsion to kill takes hold of him as if from outside – 'Soll ich? Muß ich?' cries Woyzeck, and knows that the time has come: 'Marie wir wollen gehn 's ist Zeit.'

The development of the action towards the murder is characterised by a rapid forward movement dominated by the hunted and haunted central figure.[17] Integration of the timespan is achieved by scenes which can be seen as simultaneous: Marie's cries for help are heard at the same time by the *Erste* and *Zweite Person*: 'Hörst du? Still! Dort!' 'Uu Da! Was ein Ton'; the scene at the inn where Woyzeck arouses suspicion may coincide with the scene where the children hear of the murder. Retarding scenes where this urgent development is slowed down underline the pattern of Woyzeck's daily life or his brief moments of respite.

A striking feature of both *Dantons Tod* and *Woyzeck* is the way in which the plays incorporate scenes that seem to go beyond the plot or story-line and act as images of experience. Büchner does not simply reflect in a direct, naturalistic way the life of Woyzeck, but communicates images rooted in imagination and vision. This is the source of the poetic effect of his language – lyrical, hallucinatory, at times grotesque. The result is an impressive range of language and style. In *Woyzeck* the down-to-earth speech of ordinary people contrasts with the bombast and false rhetoric of the middle class with its petrified social formulae and with the jargon of medical diagnosis and philosophical idealism which is parodied. But even the speech of ordinary people can suddenly rise to another level in moments of intensity, crystallising a mood in a flash, like poetry; and the language of common experience is

13

poetically heightened by the use of folksong and fairytale, of biblical and Shakespearian echoes.

Büchner gives us unrelieved tragedy. It is the tragedy of a bewildered mind, tormented by the inexplicable aspects of life, and then overwhelmed by a profound loss to the point of seeing the world in terms of horror and human degradation. There are moments of pathos and tenderness, there are significant gestures of love and understanding, but the finer feelings have no chance in the world Büchner has created. It is not only the death of a human being that is the tragedy in the drama, but the death of the feelings of humanity. Woyzeck is left at the end of the drama helpless, loveless and without remorse. Not only human happiness, but human nature itself is found to be precarious and exposed, left shivering and naked without love and without nobility. Büchner's own hypersensitiveness to the sounds and appearances of things, his experience of disturbing psychotic states and his sympathetic insight here fuse to produce a work that is harsh in theme and yet powerful and compelling.

In a significant passage of *Lenz* Büchner expresses, through the *Sturm und Drang* poet, his own artistic creed. He consciously abandons the idealist direction in literature and mocks attempts to improve on the world as we know it. He claims that it is irrelevant to ask whether a work of art is beautiful or ugly; it should have vitality and a living appeal, and that is the sole criterion. This vital quality is rare, but Shakespeare gave it, Goethe sometimes achieved it and we always find it in folksongs. The idealistic figures in literature are wooden puppets, says Lenz for Büchner and cries revolt against the idealist *aristos*, the despisers of human nature. Human feelings are the same in almost everyone, including the most prosaic of human beings.

Man versuche es einmal und senke sich in das Leben des Geringsten und gebe es wieder, in den Zuckungen, den Andeutungen, dem ganz feinen, kaum bemerkten Mienenspiel … Man muß die Menschheit lieben, um in das eigentümliche Wesen jedes einzudringen, es darf einem keiner zu gering, keiner zu häßlich sein, erst dann kann man sie verstehen; das unbedeutendste Gesicht macht einen tiefern Eindruck als die bloße Empfindung des Schönen, und man kann die Gestalten aus sich heraustreten lassen, ohne etwas vom Äußern hineinzukopieren, wo einem kein Leben, keine Muskeln, kein Puls entgegenschwillt und pocht (H.A.1, p. 87).

We can be certain that these were Büchner's own convictions, and that he was a revolutionary not only in the political but also in the literary field. He did not make common cause with any literary movement of his day. Certain affinities can be traced with the *Sturm und Drang* realists, especially Lenz, and his dramatic methods can be compared in some respects with those of Christian Dietrich Grabbe. But his break with the past in both ideas and techniques is more radical than theirs, and he has a surer touch with the design of a whole drama. He abandoned the traditional ways of constructing character and action and invented entirely new methods in response to his themes, inspiring

14

much of the dramatic practice of the following century. The most obvious link with the age of transition in which he lived is his highly strung awareness of the moods of nihilism and pessimism, and this awareness is most apparent in his brilliant first play, *Dantons Tod*. But it is the combination of Büchner's new dramatic method with the novelty of his feeling for those who are despised and tormented by the rest of society and with his powerful expression of human anguish on that level which singles out *Woyzeck* as an original and outstanding drama.

### The text of *Dantons Tod*

The text of *Dantons Tod* is that of the edition by Werner R. Lehmann in the *Sämtliche Werke und Briefe* (see bibliography). The spelling has been modernised according to the principles of *Duden: Rechtschreibung*, e.g. *zusammenkommen* for *zusammen kommen, beiseite* for *bey Seite, ebensogut* for *eben so gut, guillotinieren* for *guilotiniren, tot* for *todt, ging* for *gieng, Abenteuer* for *Abentheuer, reduziert* for *reducirt. S'ist (Es ist), s'ist (es ist), n'e (eine), n'en (einen), n'aus (hinaus)* become in the present text *'s ist, 'ne, 'nen, 'naus.*

A special problem, however, arises with Büchner's use of capital letters: according to Lehmann's *Textkritische Noten*, p. 12f, Büchner retained the feature of giving a word an initial capital letter to mark emphasis, e.g. 'ROBESPIERRE: Wer hat sich mehr verleugnet, Ich oder er?' (p. 49). But it is clearly not the case that every word beginning with a capital letter is emphatic. Since it would be extremely difficult to decide this in each individual instance, all Büchner's capitals have been retained in the present text, even in such examples as *Morgens, zum Erstenmale, das Nächstemal, zum Letztenmal.*

Henri Poschmann's edition (see bibliography) restores the manuscript readings altered in the book version of 1835. I have followed his modifications, the most significant changes being:

1. from 'die Mitte ist ein Aequator, wo jeder eine Sublimattaufe bekömmt, der die Linie passiert' to 'die Mitte ist ein Äquator, wo jeder eine Sublimattaufe nötig hat, der zum Erstenmal die Linie passiert' (p. 42).

2. from 'Was sie an dem Wahnsinn ein reizendes Kind geboren hat' to 'Was sie aus dem Wahnsinn ein reizendes Ding gemacht hat' (p. 91).

3. from 'worunter alle Herzen ausschlagen' to 'worunter alle Herzen ausglühen' (p. 93); see P., pp. 445f.

Poschmann's alteration of the scene heading for Act III, 3, *Die Conciergerie* to *Das Luxemburg* has also been adopted (see P., p.443) as has his deletion of *Ein Zimmer* as the heading for Act IV, 1 (see P., p.569).

### The text of *Woyzeck*

The fragmentary text of this drama, surviving in four different manuscript phases, has presented an outstandingly difficult editorial problem. The text of *Woyzeck* in this edition is based on the forthcoming edition of the *Studienausgabe* by Thomas Michael Mayer (Hitzeroth Verlag, Marburg), which will be particularly important for research purposes. Dr Mayer first gives a *Lese- und Bühnenfassung*,[18] using three different type faces indicating clearly how he has pieced together a whole play. The second section is a *Differenzierter Text* following through the MSS in stages corresponding to the generally accepted sequence: H1, H2 (together comprising what can be regarded as the first version), H3 (a separate page containing two scenes – *Der Hof des Professors* and *Der Idiot. Das Kind. Woyzeck)*, H4, the last known phase of composition, still incomplete. Mayer uses differentiated founts to indicate the status of the deciphered text. A third section contains the MSS again as an *Emendierter Text* in a single type face. The *Studienausgabe* is especially valuable in its careful handling of the language. Mayer has restored to *Woyzeck* a high German form within which dialect, *Mundart* and *Umgangssprache* features can remain where they are clearly written or identified and do not result in breaks of style, e.g. in the scene between Marie and Margret (H4, 2). But even in this scene Büchner is not systematic and such features cannot be attached exclusively to individual figures. Attempting to spread them is wrong because it presupposes an 'Integrum', a systematic whole composition. There are also in the MSS passages of extreme difficulty, where completion of the word or phrase remains altogether uncertain, e.g. pp. 101, 102, 107, 110. These are marked as follows: M++ s+++ A++ (where + denotes an undecipherable character).

For the purpose of the present edition, the important section is the *Lese- und Bühnenfassung,* which follows the principle of retaining the integrity of H4, 1–17, i.e. the sequence of scenes in the last known stage of composition, ending with *Kaserne* (Andres. Woyzeck, kramt in seinen Sachen), and that of H1, 14-21, i.e. the murder sequence from the scene with the grandmother's *Märchen* to the comment on the murder by the outside world in *Gerichtsdiener. Barbier. Arzt. Richter* (see the listed scenes on p. 19f). The two scenes on a separate page (H3) are discussed below.

H4 leaves out or leaves space for a number of strands and motives from earlier stages. Mayer uses scenes from the earlier phases to fill the gap in H4 headed *Buden. Lichter. Volk* and continues the Hauptmann. Doktor scene (H4, 9) with a scene from H2, 7 which brings Woyzeck in to suffer their taunts over Marie's unfaithfulness (differentiating in type face in both instances to indicate the method of contamination). There has been much discussion of this last combination of two scenes from different phases of composition; the

16

question is whether the gap in H4, 9 indicates that there was no logic at this point in having Woyzeck's jealousy inflamed by the captain and the doctor, since the jealousy scene (H4, 7) now *precedes* the taunting. Whereas in the earlier phase of composition (H2), the Hauptmann. Doktor. Woyzeck scene had given the first indication to Woyzeck that Marie was being unfaithful, in H4, the later phase, the jealousy scene has already taken place. However, it has been argued (e.g. by Lehmann) that Woyzeck's jealousy is made even more agonising by the taunting comments of the outside world.[19]

Professor Dedner argues cogently that the construction of a *Lese- und Bühnenfassung* is influenced by an editor's conception of 'open' or 'closed' form.[20] If an editor veers towards the view that Büchner was a forerunner of modern drama in the sense that he was at such a far remove from the structures of classical tragedy that many of his scenes can be treated as largely autonomous, breaking the time and action sequence, then that editor will have less compunction about using MS material to 'improve' the impression of a whole drama in the modern mode. If, on the other hand, one respects the sequences in MSS H1 and H4 as, in Dedner's words, a 'lückenlose und festgefügte Handlungskette', then one will need to be much more cautious about breaking the sequences, as is the case with Mayer's version.


### The ending of the drama

#### Kinder (H1, 18)

This follows the final *Wirtshaus* scene and precedes Woyzeck's scenes at the pool. Lehmann departed from this sequence in order to avoid making the children run off to see the body of Marie in the middle of the night. However, this argument could be seen as resting on a rather middle-class view of bringing up children.[21] If the scene is set on the following morning, it would be difficult to account for the fact that the identity of the body is not yet known.

#### Der Idiot. Das Kind. Woyzeck (H3, 2)

In most editions this scene is inserted before or after *Gerichtsdiener. Barbier. Arzt. Richter* (the last scene of the H1 sequence). Mayer suggests that it can be an alternative ending to the drama. If *Gerichtsdiener* ... is the last scene, then the drama ends with a comment by unfeeling society on the murder case. It does not necessarily presuppose that Büchner intended to continue with a full court and trial scene.[22] It could be seen as a parallel to the opening passage of the last scene of *Dantons Tod,* involving characters who have no feeling for the personal tragedy of the central figures (the two hangmen finishing a day's work at the guillotine). So at the end of the drama the law pronounces that this is a perfectly satisfactory case of murder – the best they've had for a long time. Büchner lets society indict itself with a heartless comment.

If *Der Idiot. Das Kind. Woyzeck* is placed at the end as in this edition, it serves to underline Woyzeck's tragedy, concentrating on the individual rather than on society, leaving Woyzeck desolate and his child in the care of the idiot. (From the point of view of the time sequence, the scene could of course be taken as simultaneous with the previous one.)[23]

K. E. Franzos, adapting motives from the two scenes *Kinder* and *Der Idiot. Das Kind. Woyzeck* composed a scene with the children at play, calling it *Früher Morgen. Vor Mariens Hausthür*, and placing it immediately before the final scene, which he entitles *Secirsaal. Chirurg. Arzt. Richter*. One of the children tells the others that Marie is dead:

**Früher Morgen. Vor Mariens Hausthür**
*Kinder (spielen und lärmen)*

ERSTES KIND  Du, Margreth! – die Marie.
ZWEITES KIND  Was is?
ERSTES KIND  Weißt es nit? Sie sind schon alle 'naus.
DRITTES KIND  *zu Mariens Knaben.* Du! Dein Mutter ist tot.
DER KNABE  *auf der Schwelle reitend.* Hei! Hei! Hopp! Hopp!
ERSTES KIND  Wo is sie denn?
ZWEITES KIND  Draus liegt sie, am Weg, neben dem Teich.
ERSTES KIND  Kommt – anschaun! *(laufen davon).*
DER KNABE  Hei! Hei! Hopp! Hopp!

Alban Berg, who based his opera (1925) on the Franzos text, revised by Landau in 1909, has added overwhelming poignancy by making this scene his last. In the opera the children run off excitedly to see the dead body, leaving Marie's child alone riding his hobby-horse and singing. The child suddenly notices that he is alone (- 'und war niemand mehr auf der Welt' – ), hesitates, and then rides off after the other children.

*Der Hof des Professors* (H3, 1)
If this scene was written before H4, it is arguable that it has no place in a *Lese- und Bühnenfassung*. Most editions which have included it take the view (following Franzos) that the professor and doctor are in fact one figure, Büchner having begun with two figures, but merging them into one in the process of composition. This point is still a matter of debate.[24]

If the scene is placed late in the drama it is likely to disrupt the murder sequence and is less convincing in its psychological effect. If it is placed early, as part of the exposition, it is likely to disrupt the interconnected exposition scenes and the time sequence.[25] The scene is badly placed by Lehmann, late on in the drama, and its early position in Poschmann's edition (P., p.152) means that the *Doktor* is introduced before the *Hauptmann*. The effect of placing such a strong scene, showing Woyzeck as the victim of experimentation, before the more equable shaving scene with the *Hauptmann*, means that the mounting intensity of the theme of Woyzeck as the victim of society is impaired.

## *Kasernenhof* (H1, 8)

The scene below, containing Woyzeck's words 'Aber Andres, sie war doch ein einzig Mädel', has been included in a number of editions. The scene was not deleted in the course of composition, but Büchner only struck out what he later rewrote. M.B. Benn expresses the following opinion:

One cannot but regret that these simple words, to which no translation can do justice, have not been preserved in the later and more authoritative versions of the play. Though entirely original and distinctive, they correspond closely to the words of Othello in a like situation: 'But yet the pity of it, Iago; Oh Iago, the pity of it' (p. 229).

(One might add here that this is one of a number of echoes from *Othello* in *Woyzeck*).

It has been suggested[26] that Büchner might have had Shakespeare's *Antony and Cleopatra* in the depths of his mind: 'Now boast thee, death, in thy possession lies / A lass unparallel'd' (Act V, 2, 314–15). If the scene is placed after the night scene in the barracks ('Andres! ich kann nit schlafen') it gives a good link with the inn scene (H4, 14) where Woyzeck wrestles with the *Tambourmajor*.

### *Kasernenhof* (H1, 8)

LOUIS  Hast nix gehört.
ANDRES  Er ist da vorbei mit einem Kameraden.
LOUIS  Er hat was gesagt.
ANDRES  Woher weißt dus? Was soll ichs sagen. Nu, er lachte und dann sagte er ein köstlich Weibsbild! die hat Schenkel und Alles so fest!
LOUIS  *ganz kalt.* So hat er das gesagt?
Von was hat mir doch heut Nacht geträumt? War's nicht von einem Messer? Was man doch närriche Träume hat.
ANDRES  Wohin Kamerad?
LOUIS  Meinem Officier Wein holen. – Aber Andres, sie war doch ein einzig Mädel.
ANDRES  Wer war?
LOUIS  Nix. Adies.

(Louis is the name given in H1 to the main character.)


## *Check-list of scenes in H4, H1 and H3.*[27]

### *H4, 1-17*
1. Freies Feld. Die Stadt in der Ferne.
2. Marie (mit ihrem Kind am Fenster). Margret.

3. Buden. Lichter. Volk (title of scene only; gap left in MS).
4. Marie sitzt, ihr Kind auf dem Schoß, ein Stückchen Spiegel in der Hand.
5. Der Hauptmann. Woyzeck.
6. Straße oder Gasse (Marie with the *Tambourmajor*).
7. Straße oder Gasse (jealousy scene).
8. Woyzeck. Der Doktor.
9. Straße oder Gasse (*Hauptmann* with the *Doktor*; ends before Woyzeck enters; gap left in MS).
10. Die Wachtstube (Woyzeck and Andres).
11. Wirtshaus.
12. Freies Feld.
13. Nacht (Woyzeck and Andres).
14. Wirtshaus (*Tambourmajor* and Woyzeck).
15. Woyzeck. Der Jude.
16. Marie. Das Kind. Der Narr.
17. Kaserne (Woyzeck and Andres).

*H1, 14-21* (Margreth = Marie. Louis = Woyzeck)
14. Margreth mit Mädchen vor der Haustür (*Märchen* scene).
15. Margreth und Louis (murder scene).
16. Es kommen Leute.
17. Das Wirtshaus.
18. Kinder.
19. Louis, allein.
20. Louis an einem Teich.
21. Gerichtsdiener. Barbier. Arzt. Richter.

*H3*
1. Der Hof des Professors.
2. Der Idiot. Das Kind. Woyzeck.


## Notes to the Introduction

1 See John Reddick, *Georg Büchner: The Shattered Whole* (Clarendon Press, Oxford, 1994), pp. 237 and 241.
2 On German *Naturphilosophie* see Reddick, pp. 21ff.
3 Presumably meaning revolutionary power.
4 'tense and problematic relationship'.
5 *The French Revolution,* vol. 3, book 7, ch. 3; cf. book 5, ch. 6.
6 *Causes secrètes de la révolution,* 1795, p. 22.
7 See Reddick, pp. 116ff on the political power of language in the play.
8 A note on the historical background of the play and an index of historical persons are included in the notes.

9  *The French Revolution*, vol. 3, book 6, ch. 2.

10  There were two further murder cases which were dealt with in the medical journals in Büchner's lifetime: that of Daniel Schmolling in 1817 (report by Dr Horn published 1820) and that of Dieß in 1830 (report by Philipp Bopp published 1836). A parallel for some details in Büchner's play can be traced in the reports; see a discussion of these and other cases in P., pp. 716ff.

11  H.A.1, p. 487ff.

12  See Reddick, p. 350.

13  In the first stage of composition the drunken barber asks 'Was ist der Mensch?' and 'Was ist die Natur?' The teleological answer and the question of evolution were being hotly debated in Büchner's time in medical-psychological circles, see Dorothy James, 'The "Interesting Case" of Büchner's *Woyzeck*' in *Patterns of Change: German Drama and the European Tradition: Essays in Honour of Ronald Peacock*, ed. D. James and S. Ranawake (Peter Lang, New York, 1990), pp. 117ff. See also Reddick's chapter 19 entitled 'Choice or Compulsion?'

14  See H.A.,1, pp. 143ff and Reddick, pp. 290–302.

15  This phase takes up more of the material from the Clarus report; see p. 10.

16  J. Elema, 'Der verstümmelte *Woyzeck*', *Neophilologus*, 49 (1965), pp. 142f.

17  See Burghard Dedner, 'Die Handlung des *Woyzeck*: wechselnde Orte – "geschlossene Form"', *Georg Büchner Jahrbuch* 7 (1988–9), esp. pp. 166–70.

18  This is the basis of the present edition, with modernised spelling and punctuation as for *Dantons Tod*, see p. 15.

19  Some editions have returned to the order of scenes in H2, i.e. *Hauptmann. Doktor. Woyzeck* followed by the jealousy scene.

20  *GBJb* 7, pp. 146f.

21  See Dedner, p. 156.

22  J. Elema, however, is of the view that this scene introduces a new phase of the action leading to Woyzeck's arrest and trial ('Der verstümmelte *Woyzeck*', p. 153), and a number of editors and critics have thought the same (see F. Bergemann, Insel-Verlag, Wiesbaden, 1958, pp. 620f.). The fact that the real-life Woyzeck was brought to trial (as were Schmolling and Dieß, see above) is the basis for this idea.

23  For an argument against placing the scene at the end, see M. B. Benn, *The Drama of Revolt: A Critical Study of Georg Büchner* (Cambridge, Cambridge University Press, 1976), p. 258.

24  For a fuller discussion of the problems associated with the composition and placing of the scene, see Reddick, pp. 298f and P., pp. 686–95.

25  See Dedner, pp. 161ff.

26  I am grateful to Professor T. J. Reed for this idea – he comments, 'What Shakespeare does by his wonderful drop in register to "lass", Büchner does by the rise in register of "einzig".'

27  This is not a complete list of all the scenes in the MSS, but simply a guide for the discussion on pp. 16ff of this introduction.

# Select Bibliography

The first editions of Büchner's works are *Georg Büchners nachgelassene Schriften*, ed. Ludwig Büchner (Frankfurt a.M., 1850), which omits *Woyzeck*, and *Georg Büchners Sämmtliche Werke und handschriftlicher Nachlaß: Erste kritische Gesammt-Ausgabe*, ed. K.E. Franzos (Frankfurt a.M., dated 1879 on the title page, published in March 1880), which contains the faulty text of *Woyzeck* as *Wozzeck: Ein Trauerspiel-Fragment*.

The editions now referred to in most of the studies on Büchner are *Georg Büchner: Sämtliche Werke und Briefe. Historisch-kritische Ausgabe mit Kommentar*, ed. Werner R. Lehmann ('Hamburger Ausgabe', Wegner Verlag, Hamburg, volume 1, 1967, volume 2, 1971), along with Lehmann's complementary *Textkritische Noten: Prolegomena zur Hamburger Büchner-Ausgabe*, and *Georg Büchner: Sämtliche Werke, Briefe und Dokumente*, 2 vols., ed. Henri Poschmann (Deutscher Klassiker Verlag, Frankfurt a.M., vol. 1, 1992) quoted as P. Lehmann's 'Hamburger Ausgabe' went into a second edition in 1974, published in Munich.

For the background of Büchner's life and work the most useful studies are H. Mayer, *Georg Büchner und seine Zeit* (Wiesbaden, 1946, 2nd edn 1972); P. Westra, *Georg Büchner dans ses rapports avec ses contemporains* (doctoral thesis, Rotterdam, 1946); K. Viëtor, *Georg Büchner: Politik, Dichtung, Wissenschaft* (A. Francke, Berne, 1949); Fritz Bergemann, *Georg Büchner: Der Hessische Landbote* (Volk & Buch, Leipzig, 1947) with an introduction, notes and a chronology of political events from 1789 to 1848. Some of the most interesting essays and passages from books on Büchner have been collected in W. Martens (ed.), *Georg Büchner* (Wissenschaftliche Buchgesellschaft, Darmstadt, 1965). The first full, scholarly biography has been produced by Jan-Christoph Hauschild, *Georg Büchner: Biographie* (Metzler, Stuttgart, 1993). A useful reference work is W. Hinderer, *Büchner: Kommentar zum dichterischen Werk* (Winkler, Munich, 1977). Notable studies in English are M. B. Benn, *The Drama of Revolt: A Critical Study of Georg Büchner* (Cambridge University Press, Cambridge, 1976) and John Reddick, *Georg Büchner: The Shattered Whole* (Clarendon Press, Oxford, 1994).

Of the more specialised works, Jean Strohl, *Lorenz Oken und Georg Büchner: Zwei Gestalten aus der Übergangszeit von Naturphilosophie zur Naturwissenschaft* (Zurich, 1936) deals with Büchner's place in the history of

22

natural science; Ingeborg Strudthoff, *Die Rezeption Georg Büchners durch das deutsche Theater* (Colloquium Verlag, Berlin, 1957), reviews stage productions of the plays and the reactions of the press critics.

On *Dantons Tod*: W. Vieweg, *Georg Büchners 'Dantons Tod' auf dem deutschen Theater* (Laokoon Verlag, Munich, 1964); Dorothy James, *Georg Büchner's 'Dantons Tod': A Reappraisal* (Modern Humanities Research Association, Texts and Dissertations, vol. 16, London, 1982); Thomas Michael Mayer, 'Georg Büchner: Dantons Tod: Entwurf einer Studienausgabe' in Peter von Becker (ed.), *Dantons Tod: Kritische Studienausgabe des Originals mit Quellen, Aufsätzen und Materialien* (Syndikat Autoren- und Verlagsgesellschaft, Frankfurt a.M., 1980, 2nd edn 1985).

On *Woyzeck*: Georg Büchner *'Woyzeck'. Dramenfragment, Studien- und Leseausgabe nach den Handschriften*, ed. Thomas Michael Mayer (Hitzeroth Verlag, Marburg, 1996); Georg Büchner, *Woyzeck: Faksimileausgabe der Handschriften*, ed. Gerhard Schmid (Leipzig, Edition, 1981 and Wiesbaden, Reichert, 1981); Burghard Dedner, 'Die Handlung des *Woyzeck*: wechselnde Orte - "geschlossene Form"', *Georg Büchner Jahrbuch 7* (1988/9), pp. 144–70; Dorothy James, 'The "Interesting Case" of Büchner's *Woyzeck*' in *Patterns of Change: German Drama and the European Tradition: Essays in Honour of Ronald Peacock*, ed. Dorothy James and Sylvia Ranawake (Peter Lang, New York, 1990), pp. 103–19. On the language of *Woyzeck*: Thomas Michael Mayer, 'Zu einigen neuen Lesungen und zur Frage des "Dialekts" in den *Woyzeck*-Handschriften', and Eske Bockelmann, 'Von Büchners Handschrift oder Aufschluß, wie der *Woyzeck* zu edieren sei', both in *GBJb 7* (1988/9) pp. 172–218 and pp. 219–58; see also the reply to Bockelmann by T. M. Mayer, 'Thesen und Fragen zur Konstituierung des *Woyzeck*-Textes' in *GBJb 8* (1990/4), pp. 217–38.

On Alban Berg's opera *Wozzeck*: E. A. Blackall, 'Büchner and Alban Berg: Some thoughts on *Wozzeck*', *German Quarterly*, 34, 4 (1961), pp. 431–8; J. M. Stein, 'From *Woyzeck* to *Wozzeck*: Alban Berg's adaptation of Büchner', *The Germanic Review*, 47 (May 1972). pp. 168–80; D. Jarman, *Alban Berg: Wozzeck* (Cambridge University Press, 1989); *Wozzeck*. Berg, ENO Opera Guide Series, no. 42, ed. N. John (John Calder, London, 1990).

# Dantons Tod
## Ein Drama

# Personen

Georg Danton  
Legendre  
Camille Desmoulins  
Hérault-Séchelles  
Lacroix } *Deputierte*  
Philippeau  
Fabre d'Églantine  
Mercier  
Thomas Payne  

Robespierre  
St. Just  
Barrère } *Mitglieder*  
Collot d'Herbois *des Wohlfahrtsausschusses*  
Billaud-Varennes  

Chaumette, *Procurator des Gemeinderats*  
Dillon, *ein General*  
Fouquier-Tinville, *öffentlicher Ankläger*  
Herrmann } *Präsidenten*  
Dumas *des Revolutionstribunals*  
Paris, *ein Freund Dantons*  
Simon, *Souffleur*  
Laflotte  
Julie, *Dantons Gattin*  
Lucile, *Gattin des Camille Desmoulins*  
Rosalie  
Adelaide } *Grisetten*  
Marion  

Männer und Weiber aus dem Volk, Grisetten, Deputierte, Henker, etc.

26

# Erster Akt

## I, 1

*Hérault-Séchelles, einige Damen (am Spieltisch). Danton, Julie (etwas weiter weg, Danton auf einem Schemel zu den Füßen von Julie)*

DANTON Sieh die hübsche Dame, wie artig sie die Karten dreht![1] ja wahrhaftig sie versteht's, man sagt sie halte ihrem Manne immer das cœur und andern Leuten das carreau hin.[2] Ihr könntet einen noch in die Lüge verliebt machen.

JULIE Glaubst du an mich?

DANTON Was weiß ich? Wir wissen wenig voneinander. Wir sind Dickhäuter, wir strecken die Hände nacheinander aus aber es ist vergebliche Mühe, wir reiben nur das grobe Leder aneinander ab, – wir sind sehr einsam.

JULIE Du kennst mich Danton.

DANTON Ja, was man so kennen heißt. Du hast dunkle Augen und lockiges Haar und einen feinen Teint und sagst immer zu mir: lieb[3] Georg. Aber *er deutet ihr auf Stirn und Augen* da da, was liegt hinter dem? Geh, wir haben grobe Sinne. Einander kennen? Wir müßten uns die Schädeldecken aufbrechen und die Gedanken einander aus den Hirnfasern zerren.

EINE DAME Was haben Sie nur mit Ihren Fingern vor?

HÉRAULT Nichts!

DAME Schlagen Sie den Daumen nicht so ein, es ist nicht zum Ansehn.[4]

HÉRAULT Sehn Sie nur, das Ding hat eine ganz eigne Physiognomie.

DANTON Nein Julie, ich liebe dich wie das Grab.

JULIE *sich abwendend.* Oh!

DANTON Nein, höre! Die Leute sagen im Grab sei Ruhe und Grab und Ruhe seien eins. Wenn das ist, lieg' ich in deinem Schoß schon unter der Erde. Du süßes Grab, deine Lippen sind Totenglocken, deine Stimme ist mein Grabgeläute, deine Brust mein Grabhügel und dein Herz mein Sarg.

DAME Verloren!

HÉRAULT Das war ein verliebtes Abenteuer, es kostet Geld wie alle andern.

DAME Dann haben Sie Ihre Liebeserklärungen, wie ein Taubstummer, mit den Fingern gemacht.

HÉRAULT Ei warum nicht? Man will sogar behaupten gerade die würden am Leichtesten verstanden. Ich zettelte eine Liebschaft mit einer Kartenkönigin an, meine Finger waren in Spinnen verwandelte Prinzen, Sie Madame waren die Fee; aber es ging schlecht, die Dame lag immer in den Wochen, jeden Augenblick bekam sie einen Buben.[5] Ich würde meine Tochter dergleichen nicht spielen lassen, die Herren und Damen fallen so unanständig übereinander und die Buben kommen gleich hinten nach

*Camille Desmoulins und Philippeau treten ein.*

HÉRAULT Philippeau, welch trübe Augen! Hast du dir ein Loch in die rote Mütze[6] gerissen, hat der heilige Jakob[7] ein böses Gesicht gemacht, hat es während des Guillotinierens geregnet oder hast du einen schlechten Platz bekommen und nichts sehen können?

CAMILLE Du parodierst den Sokrates. Weißt du auch,[8] was der Göttliche den Alcibiades fragte, als er ihn eines Tages finster und niedergeschlagen fand? Hast du deinen Schild auf dem Schlachtfeld verloren, bist du im Wettlauf oder im Schwertkampf besiegt worden? Hat ein Andrer besser gesungen oder besser die Zither geschlagen? Welche klassischen Republikaner! Nimm einmal unsere Guillotinenromantik dagegen!

PHILIPPEAU Heute[9] sind wieder zwanzig Opfer gefallen. Wir waren im Irrtum, man hat die Hébertisten nur auf's Schafott geschickt, weil sie nicht systematisch genug verfuhren, vielleicht auch weil die Dezemvirn[10] sich verloren glaubten wenn es nur eine Woche Männer gegeben hätte, die man mehr fürchtete, als sie.

HÉRAULT Sie mochten uns zu Antediluvianern machen. St. Just säh' es nicht ungern, wenn wir wieder auf allen Vieren kröchen, damit uns der Advokat von Arras[11] nach der Mechanik des Genfer Uhrmachers[12] Fallhütchen, Schulbänke und einen Herrgott erfände.[13]

PHILIPPEAU Sie würden sich nicht scheuen zu dem Behuf an Marats Rechnung noch einige Nulln[14] zu hängen. Wie lange sollen wir noch schmutzig und blutig sein wie neugeborne Kinder, Särge zur Wiege haben und mit Köpfen spielen? Wir müssen vorwärts. Der Gnadenausschuß[15] muß durchgesetzt, die ausgestoßnen Deputierten[16] müssen wieder aufgenommen werden.

HÉRAULT Die Revolution ist in das Stadium der Reorganisation gelangt.
Die Revolution muß aufhören und die Republik muß anfangen. In unsern Staatsgrundsätzen muß das Recht[17] an die Stelle der Pflicht, das Wohlbefinden an die der Tugend und die Notwehr an die der Strafe treten. Jeder muß sich geltend machen und seine Natur durchsetzen können. Er mag nun vernünftig oder unvernünftig, gebildet oder ungebildet, gut oder böse sein, das geht den Staat nichts an. Wir Alle sind Narren[18] es hat Keiner das Recht einem Andern seine eigentümliche Narrheit aufzudringen.
Jeder muß in seiner Art genießen können, jedoch so, daß Keiner auf Unkosten eines Andern genießen oder ihn in seinem eigentümlichen Genuß stören darf.

CAMILLE Die Staatsform muß ein durchsichtiges Gewand sein, das sich dicht an den Leib des Volkes schmiegt. Jedes Schwellen der Adern, jedes Spannen der Muskeln, jedes Zucken der Sehnen muß sich darin abdrücken. Die Gestalt mag nun schön oder häßlich sein,[19] sie hat einmal das Recht zu sein wie sie ist, wir sind nicht berechtigt ihr ein Röcklein nach Belieben zuzuschneiden. Wir werden den Leuten, welche über die nackten Schultern der allerliebsten Sünderin Frankreich den Nonnenschleier werfen wollen, auf die Finger schlagen.
Wir wollen nackte Götter, Bacchantinnen, olympische Spiele und melodische Lippen: ach, die gliederlösende, böse Liebe![20]
Wir wollen den Römern[21] nicht verwehren sich in die Ecke zu setzen und Rüben zu kochen aber sie sollen uns keine Gladiatorspiele mehr geben wollen.

Der göttliche Epikur[22] und die Venus mit dem schönen Hintern[23] müssen statt der Heiligen Marat und Chalier die Türsteher der Republik werden.

Danton du wirst den Angriff im Konvent machen.

DANTON Ich werde, du wirst, er wird. Wenn wir bis dahin noch leben, sagen die alten Weiber. Nach einer Stunde werden sechzig Minuten verflossen sein. Nicht wahr mein Junge?

CAMILLE Was soll das hier? das versteht sich von selbst.

DANTON Oh, es versteht sich Alles von selbst. Wer soll denn all die schönen Dinge ins Werk setzen?

PHILIPPEAU Wir und die ehrlichen Leute.

DANTON Das u n d dazwischen ist ein langes Wort, es hält uns ein wenig weit auseinander, die Strecke ist lang, die Ehrlichkeit verliert den Atem eh wir zusammenkommen. Und wenn auch! – den ehrlichen Leuten kann man Geld leihen, man kann bei ihnen Gevatter stehn und seine Töchter an sie verheiraten, aber das ist Alles!

CAMILLE Wenn du das weißt, warum hast du den Kampf begonnen?

DANTON Die Leute[24] waren mir zuwider. Ich konnte dergleichen gespreizte Katonen[25] nie ansehn, ohne ihnen einen Tritt zu geben. Mein Naturell ist einmal so. *Er erhebt sich.*

JULIE Du gehst?

DANTON *zu Julie.* Ich muß fort, sie reiben mich mit ihrer Politik noch auf.

*Im Hinausgehn.* Zwischen Tür und Angel will ich euch prophezeien: die Statue der Freiheit ist noch nicht gegossen, der Ofen glüht, wir Alle können uns noch die Finger dabei verbrennen. *Ab.*

CAMILLE Laßt ihn, glaubt ihr er könne die Finger davon lassen, wenn es zum Handeln kömmt?

HÉRAULT Ja, aber bloß zum Zeitvertreib, wie man Schach spielt.

## I, 2 Eine Gasse

*Simon. Sein Weib.*

SIMON *schlägt das Weib.* Du Kuppelpelz,[1] du runzliche Sublimatpille,[2] du wurmstichischer Sündenapfel!

WEIB  He Hülfe! Hülfe!

*Es kommen* LEUTE *gelaufen,* Reißt sie auseinandèr! reißt sie auseinander!

SIMON  Nein, laßt mich Römer, zerschellen will ich dies Geripp! Du Vestalin![3]

WEIB  Ich eine Vestalin? das will ich sehen, ich.

SIMON  So reiß ich[4] von den Schultern dein Gewand,
     Nackt in die Sonne schleudr' ich dann dein Aas.
     Du Hurenbett, in jeder Runzel deines Leibes nistet Unzucht.

*Sie werden getrennt.*

ERSTER BÜRGER  Was gibt's?

SIMON  Wo ist die Jungfrau? sprich! Nein, so kann ich nicht sagen. Das Mädchen! nein auch das nicht; die Frau, das Weib! auch das, auch das nicht! Nur noch ein Name! oh der erstickt mich! Ich habe keinen Atem dafür.

ZWEITER BÜRGER  Das ist gut sonst würde der Name nach Schnaps riechen.

SIMON  Alter Virginius[5] verhülle dein kahl[6] Haupt. Der Rabe Schande sitzt darauf und hackt nach deinen Augen. Gebt mir ein Messer, Römer![7] *Er sinkt um.*

WEIB  Ach, er ist sonst ein braver Mann, er kann nur nicht viel vertragen, der Schnaps stellt ihm gleich ein Bein.

ZWEITER BÜRGER  Dann geht er mit dreien.

WEIB  Nein, er fällt.

ZWEITER BÜRGER  Richtig, erst geht er mit dreien und dann fällt er auf das dritte,[8] bis das dritte selbst wieder fällt.

SIMON  Du bist die Vampyrzunge die mein wärmstes Herzblut trinkt.

WEIB  Laßt ihn nur, das ist so die Zeit, worin er immer gerührt[9] wird, es wird sich schon geben.

ERSTER BÜRGER  Was gibt's denn?

WEIB  Seht ihr, ich saß da so auf dem Stein in der Sonne und wärmte mich seht ihr, denn wir haben kein Holz, seht ihr –

ZWEITER BÜRGER  So nimm deines Mannes Nase.

WEIB  ... und meine Tochter war da hinuntergegangen um die Ecke, sie ist ein braves Mädchen und ernährt ihre Eltern.

SIMON  Ha sie bekennt!

WEIB  Du Judas, hättest du nur ein Paar Hosen hinaufzuziehen, wenn die jungen Herren die Hosen nicht bei ihr herunterließen? Du Branntweinfaß, willst du verdursten, wenn das Brünnlein zu laufen aufhört, he? Wir arbeiten mit allen Gliedern warum denn nicht auch damit; ihre Mutter hat damit geschafft wie sie zur Welt kam und es hat ihr weh getan, kann sie für ihre Mutter nicht auch damit schaffen, he? und tut's ihr auch weh dabei, he? Du Dummkopf!

SIMON  Ha Lukretia![10] ein Messer, gebt mir ein Messer, Römer! Ha Appius Claudius![11]

ERSTER BÜRGER  Ja ein Messer, aber nicht für die arme Hure, was tat sie? Nichts! Ihr Hunger hurt und bettelt.[12] Ein Messer für die Leute, die das Fleisch unserer Weiber und Töchter kaufen! Weh über die, so mit den Töchtern des Volkes huren! Ihr habt Kollern[13] im Leib und sie haben Magendrücken,[14] ihr habt Löcher in den Jacken und sie haben warme Röcke, ihr habt Schwielen in den Fäusten und sie haben Samthände. Ergo ihr arbeitet und sie tun nichts, ergo ihr habt's erworben und sie haben's gestohlen; ergo, wenn ihr von eurem gestohlnen Eigentum ein paar Heller wieder haben wollt, müßt ihr huren und bettlen;[15] ergo sie sind Spitzbuben und man muß sie totschlagen.

DRITTER BÜRGER  Sie haben kein Blut in den Adern, als was sie uns ausgesaugt haben. Sie haben uns gesagt: schlagt die Aristokraten tot, das sind Wölfe! Wir haben die Aristokraten an die Laternen gehängt. Sie haben gesagt das Veto frißt euer Brot, wir haben das Veto[16] totgeschlagen. Sie haben gesagt die Girondisten hungern euch aus, wir haben die Girondisten[17] guillotiniert. Aber sie haben die Toten ausgezogen und wir laufen wie zuvor auf nackten Beinen und frieren. Wir wollen ihnen die Haut von den Schenkeln ziehen und uns Hosen daraus machen, wir wollen ihnen das Fett auslassen und unsere Suppen mit schmelzen.[18] Fort! Totgeschlagen, wer kein Loch im Rock hat!

ERSTER BÜRGER  Totgeschlagen, wer lesen und schreiben kann!

ZWEITER BÜRGER  Totgeschlagen, wer auswärts geht![19]

ALLE *schreien.* Totgeschlage, totgeschlage!

*Einige schleppen einen jungen Menschen herbei.*

EINIGE STIMMEN Er hat ein Schnupftuch! ein Aristokrat! an die Laterne! an die Laterne!

ZWEITER BÜRGER Was? er schneuzt sich die Nase nicht mit den Fingern? An die Laterne! *Eine Laterne wird heruntergelassen.*

JUNGER MENSCH Ach meine Herren!

ZWEITER BÜRGER Es gibt hier keine Herren! An die Laterne!

EINIGE *singen.*   Die da liegen in der Erden,[20]
Von de Würm gefresse werden.
Besser hangen in der Luft,
Als verfaulen in der Gruft!

JUNGER MENSCH Erbarmen!

DRITTER BÜRGER Nur ein Spielen mit einer Hanflocke[21] um den Hals! 's ist nur ein Augenblick, wir sind barmherziger als ihr. Unser Leben ist der Mord durch Arbeit, wir hängen sechzig Jahre lang am Strick und zapplen,[22] aber wir werden uns losschneiden.
An die Laterne!

JUNGER MENSCH Meinetwegen, ihr werdet deswegen nicht heller sehen![23]

DIE UMSTEHENDEN Bravo, bravo!

EINIGE STIMMEN Laßt ihn laufen! *Er entwischt.*

*Robespierre tritt auf, begleitet von Weibern und Ohnehosen*[24]

ROBESPIERRE Was gibt's da Bürger?

DRITTER BÜRGER Was wird's geben? Die paar Tropfen Bluts[25] vom August und September haben dem Volk die Backen nicht rot gemacht. Die Guillotine ist zu langsam. Wir brauchen einen Platzregen.

ERSTER BÜRGER Unsere Weiber und Kinder schreien nach Brot, wir wollen sie mit Aristokratenfleisch füttern. Heh! totgeschlagen wer kein Loch im Rock hat.

ALLE Totgeschlagen! totgeschlagen!

ROBESPIERRE Im Namen des Gesetzes!

ERSTER BÜRGER Was ist das Gesetz?

ROBESPIERRE Der Wille des Volks.

ERSTER BÜRGER Wir sind das Volk und wir wollen, daß kein Gesetz sei, ergo ist dieser Wille das Gesetz, ergo im Namen des Gesetzes gibt's kein Gesetz mehr, ergo totgeschlagen!

EINIGE STIMMEN Hört den Aristides,[26] hört den Unbestechlichen!

EIN WEIB Hört den Messias,[27] der gesandt ist zu wählen und zu richten; er wird die Bösen mit der Schärfe des Schwertes schlagen. Seine Augen sind die Augen der Wahl, und seine Hände sind die Hände des Gerichts!

ROBESPIERRE Armes, tugendhaftes Volk! Du tust deine Pflicht, du opferst deine Feinde. Volk du bist groß. Du offenbarst dich unter Blitzstrahlen und Donnerschlägen. Aber Volk deine Streiche dürfen deinen eignen Leib nicht verwunden, du mordest dich selbst in deinem Grimm. Du kannst nur durch deine eigne Kraft fallen. Das wissen deine Feinde. Deine Gesetzgeber wachen, sie werden deine Hände führen, ihre Augen sind untrügbar, deine Hände sind unentrinnbar. Kommt mit zu den Jakobinern.[28] Eure Brüder werden euch ihre Arme öffnen, wir werden ein Blutgericht über unsere Feinde halten.

VIELE STIMMEN Zu den Jakobinern! Es lebe Robespierre! *Alle ab.*

SIMON Weh mir, verlassen! *Er versucht sich aufzurichten.*

WEIB Da! *Sie unterstützt ihn.*

SIMON Ach meine Baucis,[29] du sammelst Kohlen auf mein Haupt.

WEIB Da steh!

SIMON Du wendest dich ab? Ha, kannst du mir vergeben, Porcia?[30] Schlug ich dich? Das war nicht meine Hand, war nicht mein Arm, mein Wahnsinn tat es.

    Sein Wahnsinn ist des armen Hamlet Feind[31]

    Hamlet tat's nicht, Hamlet verleugnet's.

Wo ist unsre Tochter, wo ist mein Sannchen?

WEIB Dort um das Eck herum.

SIMON Fort zu ihr, komm mein tugendreich[32] Gemahl. *Beide ab.*


## I, 3 Der Jakobinerklub

EIN LYONER Die Brüder von Lyon[1] senden uns um in eure Brust ihren bittern Unmut auszuschütten. Wir wissen nicht[2] ob der Karren, auf dem Ronsin zur Guillotine fuhr, der Totenwagen der Freiheit war, aber wir wissen, daß seit jenem Tage die Mörder Chaliers wieder so fest auf den Boden treten, als ob es kein Grab für sie gäbe. Habt ihr vergessen, daß Lyon ein

Flecken auf dem Boden Frankreichs ist, den man mit den Gebeinen der Verräter zudecken muß? Habt ihr vergessen, daß diese Hure der Könige[3] ihren Aussatz nur in dem Wasser der Rhone abwaschen kann? Habt ihr vergessen, daß dieser revolutionäre Strom die Flotten Pitts[4] im Mittelmeere auf den Leichen der Aristokraten muß stranden machen? Eure Barmherzigkeit mordet die Revolution. Der Atemzug eines Aristokraten ist das Röcheln der Freiheit. Nur ein Feigling stirbt für die Republik, ein Jakobiner tötet für sie. Wißt, finden wir in euch nicht mehr die Spannkraft der Männer des 10. August, des September und des 31. Mai[5] so bleibt uns, wie dem Patrioten Gaillard nur der Dolch des Kato.[6] *Beifall und verwirrtes Geschrei.*

EIN JAKOBINER Wir werden den Becher des Sokrates[7] mit euch trinken!

LEGENDRE *schwingt sich auf die Tribüne.* Wir haben nicht nötig unsere Blicke auf Lyon zu werfen. Die Leute, die seidne Kleider tragen, die in Kutschen fahren, die in den Logen im Theater sitzen und nach dem Diktionär der Akademie[8] sprechen, tragen seit einigen Tagen die Köpfe fest auf den Schultern. Sie sind witzig und sagen man müsse Marat und Chalier zu einem doppelten Märtyrertum verhelfen und sie in effigie guillotinieren. *Heftige Bewegung in der Versammlung.*

EINIGE STIMMEN Das sind tote Leute. Ihre Zunge guillotiniert sie.

LEGENDRE Das Blut dieser Heiligen komme über sie. Ich frage die anwesenden Mitglieder des Wohlfahrtsausschusses, seit wann ihre Ohren so taub geworden sind –

COLLOT D'HERBOIS *unterbricht ihn.* Und ich frage dich Legendre, wessen Stimme solchen Gedanken Atem gibt, daß sie lebendig werden und zu sprechen wagen? Es ist Zeit die Masken abzureißen. Hört! die Ursache verklagt ihre Wirkung, der Ruf sein Echo, der Grund seine Folge.[9] Der Wohlfahrtsausschuß versteht mehr Logik, Legendre! Sei ruhig. Die Büsten der Heiligen werden unberührt bleiben, sie werden wie Medusenhäupter[10] die Verräter in Stein verwandlen.[11]

ROBESPIERRE Ich verlange das Wort.

DIE JAKOBINER Hört, hört den Unbestechlichen!

ROBESPIERRE  Wir warteten nur[12] auf den Schrei des Unwillens, der von allen Seiten ertönt, um zu sprechen. Unsere Augen waren offen, wir sahen den Feind sich rüsten und sich erheben, aber wir haben das Lärmzeichen nicht gegeben, wir ließen das Volk sich selbst bewachen, es hat nicht geschlafen, es hat an die Waffen geschlagen. Wir ließen den Feind aus seinem Hinterhalt hervorbrechen, wir ließen ihn anrücken, jetzt steht er frei und ungedeckt in der Helle des Tages, jeder Streich wird ihn treffen, er ist tot, sobald ihr ihn erblickt habt.

Ich habe es euch schon einmal gesagt:[13] in zwei Abteilungen, wie in zwei Heereshaufen sind die inneren Feinde der Republik zerfallen. Unter Bannern von verschiedener Farbe und auf den verschiedensten Wegen eilen sie alle dem nämlichen Ziele zu. Die eine dieser Faktionen ist nicht mehr. In ihrem affektierten Wahnsinn suchte sie die erprobtesten Patrioten als abgenutzte Schwächlinge beiseite zu werfen um die Republik ihrer kräftigsten Arme zu berauben. Sie erklärte der Gottheit und dem Eigentum den Krieg[14] um eine Diversion zu Gunsten der Könige[15] zu machen. Sie parodierte das erhabne Drama der Revolution um dieselbe durch studierte Ausschweifungen[16] bloßzustellen. Héberts Triumph hätte die Republik in ein Chaos verwandelt und der Despotismus war befriedigt.[17] Das Schwert des Gesetzes hat den Verräter getroffen. Aber was liegt den Fremden[18] daran, wenn ihnen Verbrecher einer anderen Gattung zur Erreichung des nämlichen Zwecks bleiben? Wir haben nichts getan, wenn wir noch eine andere Faktion zu vernichten haben. Sie ist das Gegenteil der vorhergehenden. Sie treibt uns zur Schwäche, ihr Feldgeschrei heißt: Erbarmen![19] Sie will dem Volk seine Waffen und die Kraft, welche die Waffen führt, entreißen um es nackt und entnervt den Königen zu überantworten.

Die Waffe der Republik ist der Schrecken, die Kraft der Republik ist die Tugend. Die Tugend, weil ohne sie der Schrecken verderblich, der Schrecken, weil ohne ihn die Tugend ohnmächtig ist. Der Schrecken ist ein Ausfluß der Tugend, er ist nichts anders als die schnelle, strenge und unbeugsame Gerechtigkeit. Sie sagen der Schrecken sei die

Waffe einer despotischen Regierung, die unsrige gliche also dem Despotismus. Freilich, aber so wie das Schwert in den Händen eines Freiheitshelden dem Säbel gleicht, womit der Satellit der Tyrannen bewaffnet ist. Regiere der Despot seine tierähnlichen Untertanen durch den Schrecken, er hat Recht als Despot, zerschmettert durch den Schrecken die Feinde der Freiheit und ihr habt als Stifter der Republik nicht minder Recht. Die Revolutionsregierung ist der Despotismus der Freiheit gegen die Tyrannei. Erbarmen mit den Royalisten! rufen gewisse Leute. Erbarmen mit Bösewichtern? Nein! Erbarmen für die Unschuld, Erbarmen für die Schwäche, Erbarmen für die Unglücklichen, Erbarmen für die Menschheit. Nur dem friedlichen Bürger gebührt von Seiten der Gesellschaft Schutz. In einer Republik sind nur Republikaner Bürger, Royalisten und Fremde sind Feinde. Die Unterdrücker der Menschheit bestrafen ist Gnade, ihnen verzeihen ist Barbarei. Alle Zeichen einer falschen Empfindsamkeit, scheinen mir Seufzer, welche nach England oder nach Östreich[20] fliegen.

Aber nicht zufrieden den Arm des Volks zu entwaffnen, sucht man noch die heiligsten Quellen seiner Kraft durch das Laster zu vergiften. Dies ist der feinste, gefährlichste und abscheulichste Angriff auf die Freiheit. Das Laster ist das Kainszeichen des Aristokratismus. In einer Republik ist es nicht nur ein moralisches sondern auch ein politisches Verbrechen; der Lasterhafte ist der politische Feind der Freiheit, er ist ihr um so gefährlicher je größer die Dienste sind, die er ihr scheinbar erwiesen. Der gefährlichste Bürger ist derjenige, welcher leichter ein Dutzend rote Mützen verbraucht, als eine gute Handlung vollbringt.

Ihr werdet mich leicht verstehen, wenn ihr an Leute denkt, welche sonst in Dachstuben lebten und jetzt in Karossen[21] fahren und mit ehemaligen Marquisinnen und Baronessen Unzucht treiben. Wir dürfen wohl fragen, ist das Volk geplündert oder sind die Goldhände der Könige[22] gedrückt worden, wenn wir Gesetzgeber des Volks mit allen Lastern und allem Luxus der ehemaligen Höflinge Parade machen, wenn wir diese Marquis und Grafen der Revolution reiche Weiber heiraten, üppige Gastmähler geben, spielen, Diener halten und kostbare Kleider tragen sehen? Wir dürfen wohl staunen, wenn wir sie Einfälle haben,[23] schöngeistern und so etwas vom guten Ton bekommen hören. Man hat vor Kurzem auf eine unverschämte Weise den Tacitus parodiert,[24] ich könnte mit dem Sallust antworten und den Katilina[25] travestieren; doch ich denke, ich habe keine Striche mehr nötig, die Portraits sind fertig.

Keinen Vertrag, keinen Waffenstillstand mit den Menschen, welche nur auf Ausplündrung des Volkes bedacht waren, welche diese Ausplündrung ungestraft zu vollbringen hofften, für welche die Republik eine Spekulation und die Revolution ein Handwerk war. In Schrecken gesetzt durch den reißenden Strom der Beispiele suchen sie ganz leise die Gerechtigkeit abzukühlen. Man sollte glauben, jeder sage zu sich selbst: wir sind nicht tugendhaft genug um so schrecklich zu sein. Philosophische Gesetzgeber erbarmt euch unsrer Schwäche, ich wage euch nicht zu sagen, daß ich lasterhaft bin, ich sage euch also lieber, seid nicht grausam!

Beruhige dich tugendhaftes Volk, beruhigt euch ihr Patrioten, sagt euern Brüdern zu Lyon, das Schwert des Gesetzes roste nicht in den Händen, denen ihr es anvertraut habt. – Wir werden der Republik ein großes Beispiel geben... *Allgemeiner Beifall.*

VIELE STIMMEN  Es lebe die Republik, es lebe Robespierre!

PRÄSIDENT  Die Sitzung ist aufgehoben.


## I, 4 Eine Gasse

*Lacroix. Legendre*

LACROIX  Was hast du gemacht Legendre, weißt du auch, wem du mit deinen Büsten den Kopf herunterwirfst?

LEGENDRE  Einigen Stutzern und eleganten Weibern, das ist Alles.

LACROIX  Du bist ein Selbstmörder, ein Schatten, der sein Original und somit sich selbst ermordet.

LEGENDRE  Ich begreife nicht.

LACROIX  Ich dächte Collot hätte deutlich gesprochen.

LEGENDRE  Was macht das? Er war wieder betrunken.

LACROIX  Narren, Kinder und – nun? – Betrunkne sagen die

Wahrheit. Wen glaubst du denn, daß Robespierre mit dem Katilina gemeint habe?

LEGENDRE Nun?

LACROIX Die Sache ist einfach, man hat die Atheisten und Ultrarevolutionärs aufs Schafott geschickt; aber dem Volk ist nicht geholfen es läuft noch barfuß in den Gassen und will sich aus Aristokratenleder[1] Schuhe machen. Der Guillotinenthermometer darf nicht fallen, noch einige Grade und der Wohlfahrtsausschuß kann sich sein Bett auf dem Revolutionsplatz suchen.

LEGENDRE Was haben damit meine Büsten zu schaffen?

LACROIX Siehst du's noch nicht? Du hast die Contrerevolution offiziell bekannt gemacht, du hast die Dezemvirn zur Energie gezwungen, du hast ihnen die Hand geführt. Das Volk ist ein Minotaurus,[2] der wöchentlich seine Leichen haben muß, wenn er sie nicht auffressen soll.

LEGENDRE Wo ist Danton?

LACROIX Was weiß ich? Er sucht eben die mediceische Venus[3] stückweise bei allen Grisetten des palais royal[4] zusammen, er macht Mosaik, wie er sagt; der Himmel weiß bei welchem Glied er gerade ist. Es ist ein Jammer, daß die Natur die Schönheit, wie Medea[5] ihren Bruder, zerstückelt[6] und sie so in Fragmenten in die Körper gesenkt hat.

Gehn wir ins palais royal. *Beide ab.*


## I, 5 Ein Zimmer

*Danton, Marion*[1]

MARION Nein, laß mich! So zu deinen Füßen. Ich will dir erzählen.

DANTON Du könntest deine Lippen besser gebrauchen.

MARION Nein laß mich einmal so. Meine Mutter war eine kluge Frau, sie sagte mir immer die Keuschheit sei eine schöne Tugend, wenn Leute in's Haus kamen und von manchen Dingen zu sprechen anfingen, hieß sie mich aus dem Zimmer gehn; frug[2] ich was die Leute gewollt hätten so sagte sie mir ich solle mich schämen; gab sie mir ein Buch zu lesen so mußt ich fast immer einige Seiten überschlagen. Aber die Bibel las ich nach

Belieben, da war Alles heilig, aber es war etwas darin, was ich nicht begriff, ich mochte auch niemand fragen; ich brütete über mir selbst. Da kam der Frühling, es ging überall etwas um mich vor, woran ich keinen Teil hatte. Ich geriet in eine eigne Atmosphäre, sie erstickte mich fast, ich betrachtete meine Glieder, es war mir manchmal, als wäre ich doppelt und verschmölze dann wieder in Eins. Ein junger Mensch kam zu der Zeit in's Haus, er war hübsch und sprach oft tolles Zeug, ich wußte nicht recht, was er wollte, aber ich mußte lachen. Meine Mutter hieß ihn öfters kommen, das war uns Beiden recht. Endlich sahen wir nicht ein, warum wir nicht ebensogut zwischen zwei Bettüchern beieinander liegen, als auf zwei Stühlen nebeneinander sitzen durften. Ich fand dabei mehr Vergnügen, als bei seiner Unterhaltung und sah nicht ab, warum man mir das geringere gewähren und das größere entziehen wollte. Wir taten's heimlich. Das ging so fort. Aber ich wurde wie ein Meer, was Alles verschlang und sich tiefer und tiefer wühlte. Es war für mich nur ein Gegensatz da, alle Männer verschmolzen in einen Leib. Meine Natur war einmal so, wer kann da drüber hinaus? Endlich merkt' er's. Er kam eines Morgens und küßte mich, als wollte er mich ersticken, seine Arme schnürten sich um meinen Hals, ich war in unsäglicher Angst. Da ließ er mich los und lachte und sagte: er hätte fast einen dummen Streich gemacht, ich solle mein Kleid[3] nur behalten und es brauchen, es würde sich schon von selbst abtragen, er wolle mir den Spaß nicht vor der Zeit verderben, es wäre doch das Einzige, was ich hätte. Dann ging er, ich wußte wieder nicht was er wollte. Den Abend saß ich am Fenster, ich bin sehr reizbar und hänge mit Allem um mich nur durch eine Empfindung zusammen, ich versank in die Wellen der Abendröte. Da kam ein Haufe die Straße herab, die Kinder liefen voraus, die Weiber sahen aus den Fenstern. Ich sah hinunter, sie trugen ihn in einem Korb vorbei, der Mond schien auf seine bleiche Stirn, seine Locken waren feucht, er hatte sich ersäuft. Ich mußte weinen. Das war der einzige Bruch in meinem Wesen. Die andern Leute haben Sonn- und Werktage, sie arbeiten sechs Tage und beten am siebenten, sie sind jedes

Jahr auf ihren Geburtstag einmal gerührt und denken jedes Jahr auf Neujahr einmal nach. Ich begreife nichts davon. Ich kenne keinen Absatz,[4] keine Veränderung. Ich bin immer nur Eins. Ein ununterbrochnes Sehnen und Fassen, eine Glut, ein Strom. Meine Mutter ist vor Gram gestorben, die Leute weisen mit Fingern auf mich. Das ist dumm. Es läuft auf eins hinaus, an was man seine Freude hat, an Leibern, Christusbildern, Blumen oder Kinderspielsachen, es ist das nämliche Gefühl, wer am Meisten genießt, betet am Meisten.[5]

DANTON Warum kann ich deine Schönheit nicht ganz in mich fassen, sie nicht ganz umschließen?

MARION Danton, deine Lippen haben Augen.

DANTON Ich möchte ein Teil des Äthers sein, um dich in meiner Flut zu baden, um mich auf jeder Welle deines schönen Leibes zu brechen.

*Lacroix, Adelaide, Rosalie treten ein*

LACROIX *bleibt in der Tür stehn.* Ich muß lachen, ich muß lachen.

DANTON *unwillig.* Nun?

LACROIX Die Gasse fällt mir ein.

DANTON Und?

LACROIX Auf der Gasse waren Hunde, eine Dogge und ein Bologneser Schoßhündlein, die quälten sich.[6]

DANTON Was soll das?

LACROIX Das fiel mir nun grade so ein und da mußt' ich lachen. Es sah erbaulich aus! Die Mädel guckten aus den Fenstern, man sollte vorsichtig sein und sie nicht einmal in der Sonne sitzen lassen,[7] die Mücken treiben's ihnen sonst auf den Händen, das macht Gedanken.

Legendre und ich sind fast durch alle Zellen gelaufen, die Nönnlein von der Offenbarung durch das Fleisch hingen uns an den Rockschößen und wollten den Segen. Legendre gibt einer die Disziplin, aber er wird einen Monat dafür zu fasten bekommen. Da bringe ich zwei von den Priesterinnen mit dem Leib.[8]

MARION Guten Tag, demoiselle Adelaide, guten Tag, demoiselle Rosalie.

ROSALIE Wir hatten schon lange nicht das Vergnügen.

MARION Es war mir recht leid.

ADELAIDE Ach Gott, wir sind Tag und Nacht beschäftigt.

DANTON *zu Rosalie.* Ei Kleine, du hast ja geschmeidige Hüften bekommen.

ROSALIE Ach ja, man vervollkommnet sich täglich.

LACROIX Was ist der Unterschied zwischen dem antiken und einem modernen Adonis?[9]

DANTON Und Adelaide ist sittsam interessant geworden! eine pikante Abwechslung. Ihr Gesicht sieht aus wie ein Feigenblatt, das sie sich vor den ganzen Leib hält. So ein Feigenbaum an einer so gangbaren Straße[10] gibt einen erquicklichen Schatten.

ADELAIDE Ich wäre ein Herdweg,[11] wenn Monsieur –

DANTON Ich verstehe, nur nicht böse mein Fräulein.

LACROIX So höre doch, ein moderner Adonis wird nicht von einem Eber, sondern von Säuen zerrissen, er bekommt seine Wunde nicht am Schenkel sondern in den Leisten und aus seinem Blut sprießen nicht Rosen hervor sondern schießen Quecksilberblüten[12] an.

DANTON Fräulein Rosalie ist ein restaurierter Torso, woran nur die Hüften und Füße antik sind. Sie ist eine Magnetnadel, was der Pol Kopf abstößt, zieht der Pol Fuß an, die Mitte ist ein Äquator, wo jeder eine Sublimattaufe[13] nötig hat, der zum Erstenmal die Linie passiert.

LACROIX Zwei barmherzige Schwestern,[14] jede dient in einem Spital d.h. in ihrem eignen Körper.

ROSALIE Schämen Sie sich, unsere Ohren rot zu machen!

ADELAIDE Sie sollten mehr Lebensart haben.

*Adelaide und Rosalie ab.*

DANTON Gute Nacht, ihr hübschen Kinder!

LACROIX Gute Nacht, ihr Quecksilbergruben!

DANTON Sie dauern mich, sie kommen um ihr Nachtessen.[15]

LACROIX Höre Danton, ich komme von den Jakobinern.

DANTON Nichts weiter?

LACROIX Die Lyoner verlasen eine Proklamation, sie meinten es bliebe ihnen nichts übrig, als sich in die Toga zu wickeln.[16] Jeder machte ein Gesicht, als wollte er zu seinem Nachbar sagen: Paetus es schmerzt nicht![17] Legendre schrie man wolle

Chaliers und Marats Büsten zerschlagen; ich glaube er will sich das Gesicht wieder rot machen,[18] er ist ganz aus der Terreur herausgekommen, die Kinder zupfen ihn auf der Gasse am Rock.

DANTON Und Robespierre?

LACROIX Fingerte auf der Tribüne[19] und sagte: die Tugend muß durch den Schrecken herrschen. Die Phrase machte mir Halsweh.

DANTON Sie hobelt Bretter für die Guillotine.

LACROIX Und Collot schrie wie besessen, man müsse die Masken abreißen.

DANTON Da werden die Gesichter mitgehen.

*Paris tritt ein*

LACROIX Was gibt's Fabricius?

PARIS Von den Jakobinern weg ging ich zu Robespierre. Ich verlangte eine Erklärung. Er suchte eine Miene zu machen, wie Brutus,[20] der seine Söhne opfert. Er sprach im Allgemeinen von den Pflichten, sagte der Freiheit gegenüber kenne er keine Rücksicht, er würde Alles opfern, sich, seinen Bruder, seine Freunde.

DANTON Das war deutlich, man braucht nur die Skala herumzukehren, so steht er unten und hält seinen Freunden die Leiter.[21] Wir sind Legendre Dank schuldig, er hat sie sprechen gemacht.

LACROIX Die Hébertisten sind noch nicht tot, das Volk ist materiell elend,[22] das ist ein furchtbarer Hebel. Die Schale des Blutes darf nicht steigen, wenn sie dem Wohlfahrtsausschuß nicht zur Laterne werden soll,[23] er hat Ballast nötig, er braucht einen schweren Kopf.

DANTON Ich weiß wohl, – die Revolution ist wie Saturn, sie frißt ihre eignen Kinder.[24] *Nach einigem Besinnen.* Doch, sie werden's nicht wagen.

LACROIX Danton, du bist ein toter Heiliger, aber die Revolution kennt keine Reliquien, sie hat die Gebeine aller Könige[25] auf die Gasse und alle Bildsäulen von den Kirchen geworfen. Glaubst du man würde dich als Monument stehen lassen?

DANTON Mein Name! das Volk!

LACROIX Dein Name! du bist ein Gemäßigter,[26] ich bin einer,

Camille, Philippeau, Hérault. Für das Volk sind Schwäche und Mäßigung eins. Es schlägt die Nachzügler tot. Die Schneider von der Sektion der roten Mütze[27] werden die ganze römische Geschichte in ihrer Nadel fühlen, wenn der Mann des September[28] ihnen gegenüber ein Gemäßigter war.

DANTON Sehr wahr, und außerdem – das Volk ist wie ein Kind, es muß Alles zerbrechen, um zu sehen was darin steckt.

LACROIX Und außerdem Danton, sind wir lasterhaft, wie Robespierre sagt d.h. wir genießen, und das Volk ist tugendhaft d.h. es genießt nicht, weil ihm die Arbeit die Genußorgane stumpf macht, es besäuft sich nicht, weil es kein Geld hat und es geht nicht ins Bordell, weil es nach Käs und Hering aus dem Hals stinkt und die Mädel davor einen Ekel haben.

DANTON Es haßt die Genießenden, wie ein Eunuch die Männer.

LACROIX Man nennt uns Spitzbuben und *sich zu den Ohren Dantons neigend* es ist, unter uns gesagt, so halbwegs was Wahres dran. Robespierre und das Volk werden tugendhaft sein, St. Just wird einen Roman schreiben[29] und Barrère wird eine Carmagnole schneidern[30] und dem Konvent das Blutmäntelchen umhängen und – ich sehe Alles.

DANTON Du träumst. Sie hatten nie Mut ohne mich, sie werden keinen gegen mich haben; die Revolution ist noch nicht fertig, sie könnten mich noch nötig haben, sie werden mich im Arsenal aufheben.

LACROIX Wir müssen handeln.

DANTON Das wird sich finden.

LACROIX Es wird sich finden, wenn wir verloren sind.

MARION *zu Danton.* Deine Lippen sind kalt geworden, deine Worte haben deine Küsse erstickt.

DANTON *zu Marion.* So viel Zeit zu verlieren! Das war der Mühe wert![31] *Zu Lacroix.* Morgen geh' ich zu Robespierre, ich werde ihn ärgern, da kann er nicht schweigen. Morgen also! Gute Nacht meine Freunde, gute Nacht, ich danke euch.

LACROIX Packt euch, meine guten Freunde. Packt euch! Gute Nacht Danton, die Schenkel der Demoiselle guillotinieren dich, der mons Veneris wird dein tarpejischer Fels.[32]

## I, 6 Ein Zimmer

*Robespierre. Danton. Paris*

ROBESPIERRE  Ich sage dir, wer mir in den Arm fällt, wenn ich das
Schwert ziehe, ist mein Feind, seine Absicht tut nichts zur
Sache; wer mich verhindert mich zu verteidigen, tötet mich so
gut, als wenn er mich angriffe.

DANTON  Wo die Notwehr aufhört fängt der Mord an, ich sehe
keinen Grund, der uns länger zum Töten zwänge.

ROBESPIERRE  Die soziale Revolution ist noch nicht fertig, wer eine
Revolution[1] zur Hälfte vollendet, gräbt sich selbst sein Grab.
Die gute Gesellschaft ist noch nicht tot, die gesunde Volkskraft
muß sich an die Stelle dieser nach allen Richtungen
abgekitzelten Klasse[2] setzen. Das Laster muß bestraft werden,
die Tugend muß durch den Schrecken herrschen.

DANTON  Ich verstehe das Wort Strafe nicht.

Mit deiner Tugend Robespierre! Du hast kein Geld genommen,
du hast keine Schulden gemacht, du hast bei keinem Weibe
geschlafen, du hast immer einen anständigen Rock getragen und
dich nie betrunken. Robespierre du bist empörend recht-
schaffen. Ich würde mich schämen dreißig Jahre lang mit der
nämlichen Moralphysiognomie zwischen Himmel und Erde
herumzulaufen bloß um des elenden Vergnügens willen Andre
schlechter zu finden, als mich.

Ist denn nichts in dir, was dir nicht manchmal ganz leise,
heimlich sagte, du lügst, du lügst!

ROBESPIERRE  Mein Gewissen ist rein.

DANTON  Das Gewissen ist ein Spiegel vor dem ein Affe sich quält;
jeder putzt sich wie er kann, und geht auf seine eigne Art auf
seinen Spaß dabei aus.[3] Das ist der Mühe wert sich darüber in
den Haaren zu liegen. Jeder mag sich wehren, wenn ein Andrer
ihm den Spaß verdirbt. Hast du das Recht aus der Guillotine
einen Waschzuber für die unreine Wäsche anderer Leute und
aus ihren abgeschlagnen Köpfen Fleckkugeln[4] für ihre
schmutzigen Kleider zu machen, weil du immer einen sauber
gebürsteten Rock trägst? Ja, du kannst dich wehren, wenn sie dir
drauf spucken oder Löcher hineinreißen, aber was geht es dich

an, so lang sie dich in Ruhe lassen? Wenn sie sich nicht genieren so herumzugehn, hast du deswegen das Recht sie in's Grabloch zu sperren?[5] Bist du der Polizeisoldat des Himmels? Und kannst du es nicht eben so gut mit ansehn, als dein lieber Herrgott, so halte dir dein Schnupftuch vor die Augen.

ROBESPIERRE Du leugnest die Tugend?

DANTON Und das Laster. Es gibt nur Epikureer[6] und zwar grobe und feine, Christus war der feinste; das ist der einzige Unterschied, den ich zwischen den Menschen herausbringen kann. Jeder handelt seiner Natur gemäß d.h. er tut, was ihm wohltut.

Nicht wahr Unbestechlicher, es ist grausam dir die Absätze so von den Schuhen zu treten?

ROBESPIERRE Danton, das Laster ist zu gewissen Zeiten Hochverrat.

DANTON Du darfst es nicht proskribieren, um's Himmelswillen nicht, das wäre undankbar, du bist ihm zu viel schuldig, durch den Kontrast[7] nämlich.

Übrigens, um bei deinen Begriffen zu bleiben, unsere Streiche müssen der Republik nützlich sein, man darf die Unschuldigen nicht mit den Schuldigen treffen.

ROBESPIERRE Wer sagt dir denn, daß ein Unschuldiger getroffen worden sei?

DANTON Hörst du Fabricius? Es starb kein Unschuldiger![8] *Er geht, im Hinausgehn zu Paris.* Wir dürfen keinen Augenblick verlieren, wir müssen uns zeigen! *Danton und Paris ab.*

ROBESPIERRE *allein.* Geh nur! Er will die Rosse der Revolution am Bordell halten machen, wie ein Kutscher seine dressierten Gäule; sie werden Kraft genug haben, ihn zum Revolutionsplatz zu schleifen.

Mir die Absätze von den Schuhen treten! Um bei deinen Begriffen zu bleiben! Halt! Halt! Ist's das eigentlich? Sie werden sagen seine gigantische Gestalt hätte zuviel Schatten auf mich geworfen, ich hätte ihn deswegen aus der Sonne gehen heißen.

Und wenn sie Recht hätten?

Ist's denn so notwendig? Ja, ja! die Republik! Er muß weg. Es ist lächerlich wie meine Gedanken einander beaufsichtigen. Er muß weg. Wer in einer Masse, die vorwärts drängt, stehen bleibt, leistet so gut Widerstand als trät' er ihr entgegen; er wird zertreten.

Wir werden das Schiff der Revolution[9] nicht auf den seichten Berechnungen und den Schlammbänken dieser Leute stranden lassen, wir müssen die Hand abhauen, die es zu halten wagt und wenn er es mit den Zähnen packte![10]

Weg mit einer Gesellschaft, die der toten Aristokratie die Kleider ausgezogen und ihren Aussatz geerbt hat.

Keine Tugend! Die Tugend ein Absatz meiner Schuhe! Bei meinen Begriffen!

Wie das immer wiederkommt.

Warum kann ich den Gedanken nicht loswerden? Er deutet mit blutigem Finger immer da, da hin! Ich mag so viel Lappen darum wickeln als ich will, das Blut schlägt immer durch. – *Nach einer Pause.* Ich weiß nicht, was in mir das Andere belügt.[11]

*Er tritt ans Fenster.* Die Nacht schnarcht über der Erde und wälzt sich im wüsten Traum. Gedanken, Wünsche kaum geahnt, wirr und gestaltlos, die scheu sich vor des Tages Licht verkrochen, empfangen jetzt Form und Gewand und stehlen sich in das stille Haus des Traums. Sie öffnen die Türen, sie sehen aus den Fenstern, sie werden halbwegs Fleisch, die Glieder strecken sich im Schlaf, die Lippen murmeln. – Und ist nicht unser Wachen ein hellerer Traum, sind wir nicht Nachtwandler, ist nicht unser Handeln, wie das im Traum, nur deutlicher, bestimmter, durchgeführter? Wer will uns darum schelten? In einer Stunde verrichtet der Geist mehr Taten des Gedankens, als der träge Organismus unsres Leibes in Jahren nachzutun vermag. Die Sünde ist im Gedanken. Ob der Gedanke Tat wird, ob ihn der Körper nachspielt, das ist Zufall.

*St. Just tritt ein*

ROBESPIERRE He, wer da im Finstern? He Licht, Licht!

ST. JUST Kennst du meine Stimme?

ROBESPIERRE Ah, du St. Just! *Eine Dienerin bringt Licht.*

ST. JUST Warst du allein?

ROBESPIERRE Eben ging Danton weg.

ST. JUST Ich traf ihn unterwegs im palais royal. Er machte seine revolutionäre Stirn und sprach in Epigrammen; er duzte sich mit den Ohnehosen,[12] die Grisetten liefen hinter seinen Waden drein und die Leute blieben stehn und zischelten sich in die Ohren, was er gesagt hatte.

Wir werden den Vorteil des Angriffs verlieren. Willst du noch länger zaudern? Wir werden ohne dich handeln. Wir sind entschlossen.

ROBESPIERRE Was wollt ihr tun?

ST. JUST Wir berufen den Gesetzgebungs-, den Sicherheits- und den Wohlfahrtsausschuß[13] zu feierlicher Sitzung.

ROBESPIERRE Viel Umstände.

ST. JUST Wir müssen die große Leiche mit Anstand begraben, wie Priester, nicht wie Mörder. Wir dürfen sie nicht zerstücken, all ihre Glieder müssen mit hinunter.

ROBESPIERRE Sprich deutlicher.

ST. JUST Wir müssen ihn in seiner vollen Waffenrüstung beisetzen und seine Pferde und Sklaven auf seinem Grabhügel schlachten:[14] Lacroix –

ROBESPIERRE Ein ausgemachter Spitzbube, gewesner Advokatenschreiber, gegenwärtig Generallieutnant[15] von Frankreich. Weiter.

ST. JUST Hérault-Séchelles.

ROBESPIERRE Ein schöner Kopf.

ST. JUST Er war der schöngemalte Anfangsbuchstaben der Konstitutionsakte,[16] wir haben dergleichen Zierrat nicht mehr nötig, er wird ausgewischt. Philippeau, Camille

ROBESPIERRE Auch den?

ST. JUST *überreicht ihm ein Papier.* Das dacht' ich. Da lies!

ROBESPIERRE Aha, der alte Franziskaner,[17] sonst nichts? Er ist ein Kind, er hat über euch gelacht.

ST. JUST Lies, hier! hier! *Er zeigt ihm eine Stelle.*

ROBESPIERRE *liest.* »Dieser Blutmessias[18] Robespierre auf seinem Kalvarienberge zwischen den beiden Schächern Couthon und Collot, auf dem er opfert und nicht geopfert wird. Die Guillotinenbetschwestern stehen wie Maria und Magdalena unten. St. Just liegt ihm[19] wie Johannes am Herzen und macht den Konvent mit den apokalyptischen Offenbarungen des Meisters bekannt, er trägt seinen Kopf wie eine Monstranz.«[20]

ST. JUST Ich will ihn den seinigen wie St. Denis[21] tragen machen.

ROBESPIERRE *liest weiter.* »Sollte man glauben, daß der saubere Frack des Messias das Leichenhemd Frankreichs ist und daß seine dünnen auf der Tribüne herumzuckenden Finger, Guillotinmesser sind?

Und du Barrère, der du gesagt hast, auf dem Revolutionsplatz werde Münze geschlagen.[22] Doch – ich will den alten Sack[23] nicht aufwühlen. Er ist eine Witwe, die schon ein halb Dutzend Männer hatte und sie begraben half.[24] Wer kann was dafür? Das ist so seine Gabe, er sieht den Leuten ein halbes Jahr vor dem Tode das hippokratische[25] Gesicht an. Wer mag sich auch zu Leichen setzen und den Gestank riechen?«

Also auch du Camille?[26]

Weg mit ihnen! Rasch! nur die Toten kommen nicht wieder. Hast du die Anklage bereit?

ST. JUST Es macht sich leicht. Du hast die Andeutungen bei den Jakobinern gemacht.[27]

ROBESPIERRE Ich wollte sie schrecken.

ST. JUST Ich brauche nur durchzuführen, die Fälscher[28] geben das Ei und die Fremden[29] den Apfel ab.[30] Sie sterben an der Mahlzeit, ich gebe dir mein Wort.

ROBESPIERRE Dann rasch, morgen. Keinen langen Todeskampf! Ich bin empfindlich seit einigen Tagen. Nur rasch! *St. Just ab.*

ROBESPIERRE *allein.* Jawohl, Blutmessias, der opfert und nicht geopfert wird. – Er hat sie mit seinem Blut erlöst und ich erlöse sie mit ihrem eignen.[31] Er hat sie sündigen gemacht und ich nehme die Sünde auf mich. Er hatte die Wollust des Schmerzes[32] und ich habe die Qual des Henkers.

Wer hat sich mehr verleugnet, Ich oder er? –

Und doch ist was von Narrheit in dem Gedanken. –

Was sehen wir nur immer nach dem Einen? Wahrlich der Menschensohn wird in uns Allen gekreuzigt, wir ringen Alle im Gethsemanegarten im blutigen Schweiß, aber es erlöst Keiner den Andern mit seinen Wunden. – Mein Camille![33] – Sie gehen Alle von mir – es ist Alles wüst und leer – ich bin allein.

# Zweiter Akt

## II, 1 Ein Zimmer

*Danton, Lacroix, Philippeau, Paris, Camille Desmoulins*

CAMILLE Rasch Danton wir haben keine Zeit zu verlieren.

DANTON *er kleidet sich an.* Aber die Zeit verliert uns.[1]
Das ist sehr langweilig immer das Hemd zuerst und dann die
Hosen drüber zu ziehen und des Abends in's Bett und Morgens
wieder heraus zu kriechen und einen Fuß immer so vor den
andern zu setzen, da ist gar kein Absehens wie es anders werden
soll. Das ist sehr traurig und daß Millionen es schon so gemacht
haben und daß Millionen es wieder so machen werden und, daß
wir noch obendrein aus zwei Hälften bestehen, die beide das
Nämliche tun, so daß Alles doppelt geschieht. Das ist sehr traurig.

CAMILLE Du sprichst in einem ganz kindlichen Ton.

DANTON Sterbende werden oft kindisch.

LACROIX Du stürzest dich durch dein Zögern in's Verderben, du
reißest alle deine Freunde mit dir. Benachrichtige die Feiglinge,
daß es Zeit ist sich um dich zu versammlen, fordere sowohl die
vom Tale als die vom Berge[2] auf. Schreie über die Tyrannei der
Dezemvirn, sprich von Dolchen, rufe Brutus[3] an, dann wirst du
die Tribunen erschrecken und selbst[4] die um dich sammeln, die
man als Mitschuldige Héberts bedroht. Du mußt dich deinem
Zorn überlassen. Laßt uns wenigstens nicht entwaffnet und
erniedrigt wie der schändliche Hébert sterben.

DANTON Du hast ein schlechtes Gedächtnis, du nanntest mich
einen toten Heiligen. Du hattest mehr Recht, als du selbst
glaubtest. Ich war bei den Sektionen,[5] sie waren ehrfurchtsvoll,
aber wie Leichenbitter.[6] Ich bin eine Reliquie und Reliquien
wirft man auf die Gasse,[7] du hattest Recht.

LACROIX Warum hast du es dazu kommen lassen?

DANTON Dazu? Ja wahrhaftig, es war mir zuletzt langweilig. Immer im nämlichen Rock herumzulaufen und die nämlichen Falten zu ziehen![8] Das ist erbärmlich. So ein armseliges Instrument zu sein, auf dem eine Saite immer nur einen Ton angibt! 's ist nicht zum Aushalten. Ich wollte mir's bequem machen. Ich hab' es erreicht, die Revolution setzt mich in Ruhe, aber auf andere Weise, als ich dachte.

Übrigens, auf was sich stützen? Unsere Huren könnten es noch mit den Guillotinenbetschwestern aufnehmen, sonst weiß ich nichts. Es läßt sich an den Fingern herzählen: die Jakobiner haben erklärt, daß die Tugend an der Tagesordnung sei, die Cordeliers[9] nennen mich Héberts Henker, der Gemeinderat tut Buße,[10] der Konvent, – das wäre noch ein Mittel! aber es gäbe einen 31. Mai,[11] sie[12] würden nicht gutwillig weichen. Robespierre ist das Dogma der Revolution, es darf nicht ausgestrichen werden. Es ginge auch nicht. Wir haben nicht die Revolution, sondern die Revolution hat uns gemacht.

Und wenn es ginge – ich will lieber guillotiniert werden, als guillotinieren lassen.[13] Ich hab es satt, wozu sollen wir Menschen miteinander kämpfen? Wir sollten uns nebeneinander setzen und Ruhe haben. Es wurde ein Fehler gemacht, wie wir geschaffen worden, es fehlt uns was, ich habe keinen Namen dafür, wir werden es uns einander nicht aus den Eingeweiden herauswühlen, was sollen wir uns drum die Leiber aufbrechen? Geht, wir sind elende Alchymisten.[14]

CAMILLE Pathetischer gesagt würde es heißen: wie lange soll die Menschheit im ewigen Hunger ihre eignen Glieder fressen? oder, wie lange sollen wir Schiffbrüchige auf einem Wrack in unlöschbarem Durst einander das Blut aus den Adern saugen? oder, wie lange sollen wir Algebraisten im Fleisch beim Suchen nach dem unbekannten, ewig verweigerten X unsere Rechnungen mit zerfetzten Gliedern schreiben?

DANTON Du bist ein starkes Echo.

CAMILLE Nicht wahr, ein Pistolenschuß schallt gleich wie ein Donnerschlag. Desto besser für dich, du solltest mich immer bei dir haben.

PHILIPPEAU Und Frankreich bleibt seinen Henkern?

51

DANTON Was liegt daran? Die Leute befinden sich ganz wohl dabei. Sie haben Unglück, kann man mehr verlangen um gerührt, edel, tugendhaft oder witzig zu sein oder um überhaupt keine Langeweile zu haben?

Ob sie nun an der Guillotine oder am Fieber oder am Alter sterben? Es ist noch vorzuziehen, sie treten mit gelenken Gliedern hinter die Kulissen und können im Abgehen noch hübsch gestikulieren und die Zuschauer klatschen hören. Das ist ganz artig und paßt für uns, wir stehen immer auf dem Theater, wenn wir auch zuletzt im Ernst erstochen werden.

Es ist recht gut, daß die Lebenszeit ein wenig reduziert wird, der Rock war zu lang, unsere Glieder konnten ihn nicht ausfüllen. Das Leben wird ein Epigramm, das geht an, wer hat auch Atem und Geist genug für ein Epos in fünfzig oder sechzig Gesängen? 's ist Zeit, daß man das bißchen Essenz nicht mehr aus Zübern[15] sondern aus Liqueurgläschen trinkt, so bekommt man doch das Maul voll, sonst konnte man kaum einige Tropfen in dem plumpen Gefäß zusammenrinnen machen.

Endlich – ich müßte schreien, das ist mir der Mühe zuviel, das Leben ist nicht die Arbeit wert, die man sich macht, es zu erhalten.

PARIS So flieh Danton!

DANTON Nimmt man das Vaterland an den Schuhsohlen mit?[16]

Und endlich – und das ist die Hauptsache: sie werden's nicht wagen. *Zu Camille.* Komm mein Junge, ich sage dir sie werden's nicht wagen. Adieu. Adieu! *Danton und Camille ab.*

PHILIPPEAU Da geht er hin.

LACROIX Und glaubt kein Wort von dem was er gesagt hat. Nichts als Faulheit! Er will sich lieber guillotinieren lassen, als eine Rede halten.

PARIS Was tun?

LACROIX Heimgehn und als Lukretia auf einen anständigen Fall studieren.[17]

## II, 2 Eine Promenade

*Spaziergänger*

EIN BÜRGER  Meine gute Jaqueline, ich wollte sagen Korn…, wollt'
ich Kor…

SIMON  Kornelia,[1] Bürger, Kornelia.

BÜRGER  Meine gute Kornelia hat mich mit einem Knäblein erfreut.

SIMON  Hat der Republik einen Sohn geboren.

BÜRGER  Der Republik, das lautet zu allgemein, man könnte sagen

SIMON  Das ist's gerade, das Einzelne muß sich dem Allgemeinen

BÜRGER  Ach ja, das sagt meine Frau auch.

BÄNKELSÄNGER[2]  Was doch ist,[3] was doch ist
      Aller Männer Freud und Lüst?

BÜRGER  Ach mit den Namen, da komm ich gar nicht in's Reine.

SIMON  Tauf' ihn: Pike, Marat.[4]

BÄNKELSÄNGER  Unter Kummer, unter Sorgen
      Sich bemühn vom frühen Morgen
      Bis der Tag vorüber ist.

BÜRGER  Ich hätte gern drei, es ist doch was mit der Zahl drei, und
dann was Nützliches und was Rechtliches, jetzt hab' ich's:
Pflug, Robespierre.
Und dann das dritte?

SIMON  Pike.

BÜRGER  Ich dank Euch, Nachbar. Pike, Pflug, Robespierre, das
sind hübsche Namen, das macht sich schön.

SIMON  Ich sage dir, die Brust deiner Kornelia, wird wie das Euter
der römischen Wölfin, nein, das geht nicht, Romulus[5] war ein
Tyrann; das geht nicht. *Gehn vorbei.*

EIN BETTLER *singt.*  Eine Handvoll Erde
      Und ein wenig Moos…
Liebe Herren, schöne Damen!

ERSTER HERR  Kerl arbeite, du siehst ganz wohlgenährt aus.

ZWEITER HERR  Da! *Er gibt ihm Geld.* Er hat eine Hand wie Samt.
Das ist unverschämt.

BETTLER  Mein Herr wo habt Ihr Euren Rock her?

ZWEITER HERR  Arbeit, Arbeit! Du könntest den nämlichen haben,
ich will dir Arbeit geben, komm zu mir, ich wohne

BETTLER  Herr, warum habt Ihr gearbeitet?

ZWEITER HERR  Narr, um den Rock zu haben.

BETTLER  Ihr habt Euch gequält um einen Genuß zu haben, denn so
ein Rock ist ein Genuß, ein Lumpen tut's auch.

ZWEITER HERR  Freilich, sonst geht's nicht.

BETTLER  Daß ich ein Narr wäre. Das hebt einander.[6]
Die Sonne scheint warm an das Eck und das geht ganz leicht.
*Singt.*      Eine Handvoll Erde
     Und ein wenig Moos

ROSALIE *zu Adelaiden.* Mach fort, da kommen Soldaten, wir haben
seit gestern nichts Warmes in den Leib gekriegt.[7]

BETTLER      Ist auf dieser Erde
     Einst mein letztes Los!
Meine Herren, meine Damen!

SOLDAT  Halt! wo hinaus meine Kinder? *Zu Rosalie.* Wie alt bist
du?

ROSALIE  So alt wie mein kleiner Finger.

SOLDAT  Du bist sehr spitz.

ROSALIE  Und du sehr stumpf.

SOLDAT  So will ich mich an dir wetzen.
*Er singt.*      Christinlein, lieb Christinlein mein,
     Tut dir der Schaden weh, Schaden weh,
     Schaden weh, Schaden weh?

ROSALIE *singt.*      Ach nein, ihr Herrn Soldaten,
     Ich hätt' es gerne meh,[8] gerne meh,
     Gerne meh, gerne meh!

*Danton und Camille treten auf*

DANTON  Geht das nicht lustig?
Ich wittre was in der Atmosphäre, es ist als brüte die Sonne
Unzucht aus.
Möchte man nicht drunter springen, sich die Hosen vom Leibe
reißen und sich über den Hintern begatten wie die Hunde auf der
Gasse? *Gehen vorbei.*

JUNGER HERR  Ach Madame, der Ton einer Glocke, das Abendlicht
an den Bäumen, das Blinken eines Sterns,

MADAME  Der Duft einer Blume, diese natürlichen Freuden, dieser
reine Genuß der Natur! *Zu ihrer Tochter.* Sieh, Eugenie, nur die

54

Tugend hat Augen dafür.

EUGENIE *küßt ihrer Mutter die Hand.* Ach Mama, ich sehe nur Sie!

MADAME Gutes Kind!

JUNGER HERR *zischelt Eugenien in's Ohr.* Sehen Sie dort die hübsche Dame mit dem alten Herrn?

EUGENIE Ich kenne sie.

JUNGER HERR Man sagt ihr Friseur habe sie à l'enfant frisiert.

EUGENIE *lacht.* Böse Zunge!

JUNGER HERR Der alte Herr geht nebenbei, er sieht das Knöspchen schwellen und führt es in die Sonne spazieren und meint er sei der Gewitterregen, der es habe wachsen machen.

EUGENIE Wie unanständig, ich hätte Lust rot zu werden.

JUNGER HERR Das könnte mich blaß machen.

DANTON *zu Camille.* Mute mir nur nichts Ernsthaftes zu.[9] Ich begreife nicht warum die Leute nicht auf der Gasse stehen bleiben und einander in's Gesicht lachen. Ich meine sie müßten zu den Fenstern und zu den Gräbern herauslachen und der Himmel müsse bersten und die Erde müsse sich wälzen vor Lachen.

ERSTER HERR Ich versichre Sie, eine außerordentliche Entdeckung! Alle technischen Künste bekommen dadurch eine andere Physiognomie. Die Menschheit eilt mit Riesenschritten ihrer hohen Bestimmung entgegen.

ZWEITER HERR Haben Sie das neue Stück[10] gesehen? Ein babylonischer Turm! Ein Gewirr von Gewölben, Treppchen, Gängen und das Alles so leicht und kühn in die Luft gesprengt.[11] Man schwindelt[12] bei jedem Tritt. Ein bizarrer Kopf. *Er bleibt verlegen stehn.*

ERSTER HERR Was haben Sie denn?

ZWEITER HERR Ach nichts! Ihre Hand, Herr! die Pfütze, so! Ich danke Ihnen. Kaum kam ich vorbei, das konnte gefährlich werden!

ERSTER HERR Sie fürchteten doch nicht?

ZWEITER HERR Ja, die Erde ist eine dünne Kruste, ich meine immer ich könnte durchfallen, wo so ein Loch ist.

Man muß mit Vorsicht auftreten, man könnte durchbrechen. Aber gehn Sie in's Theater, ich rat' es Ihnen.

## II, 3 Ein Zimmer

*Danton. Camille. Lucile*

CAMILLE Ich sage euch,[1] wenn sie nicht Alles in hölzernen Kopien bekommen, verzettelt[2] in Theatern, Konzerten und Kunstausstellungen, so haben sie weder Augen noch Ohren dafür. Schnitzt Einer eine Marionette, wo man den Strick hereinhängen sieht, an dem sie gezerrt wird und deren Gelenke bei jedem Schritt in fünffüßigen Jamben krachen, welch ein Charakter, welche Konsequenz! Nimmt Einer ein Gefühlchen, eine Sentenz, einen Begriff und zieht ihm Rock und Hosen an, macht ihm Hände und Füße, färbt ihm das Gesicht und läßt das Ding sich drei Akte hindurch herumquälen, bis es sich zuletzt verheiratet oder sich totschießt – ein Ideal! Fiedelt Einer eine Oper,[3] welche das Schweben und Senken im menschlichen Gemüt wiedergibt wie eine Tonpfeife mit Wasser die Nachtigall – ach die Kunst!

Setzt die Leute aus dem Theater auf die Gasse: ach, die erbärmliche Wirklichkeit!

Sie vergessen ihren Herrgott über seinen schlechten Kopisten. Von der Schöpfung, die glühend, brausend und leuchtend, um und in ihnen, sich jeden Augenblick neu gebiert, hören und sehen sie nichts. Sie gehen in's Theater, lesen Gedichte und Romane, schneiden den Fratzen darin die Gesichter nach und sagen zu Gottes Geschöpfen: wie gewöhnlich!

Die Griechen wußten, was sie sagten, wenn sie erzählten Pygmalions Statue sei wohl lebendig geworden, habe aber keine Kinder bekommen.[4]

DANTON Und die Künstler gehn mit der Natur um wie David, der im September die Gemordeten, wie sie aus der Force[5] auf die Gasse geworfen wurden, kaltblütig zeichnete und sagte: ich erhasche die letzten Zuckungen des Lebens in diesen Bösewichtern. *Danton wird hinausgerufen.*

CAMILLE Was sagst du Lucile?

LUCILE Nichts, ich seh dich so gern sprechen.

CAMILLE Hörst mich auch?

LUCILE Ei freilich.

CAMILLE  Hab ich Recht, weißt du auch, was ich gesagt habe?

LUCILE  Nein wahrhaftig nicht. *Danton kommt zurück.*

CAMILLE  Was hast du?

DANTON  Der Wohlfahrtsausschuß hat meine Verhaftung beschlossen. Man hat mich gewarnt[6] und mir einen Zufluchtsort angeboten.

Sie wollen meinen Kopf, meinetwegen. Ich bin der Hudeleien überdrüssig. Mögen sie ihn nehmen. Was liegt daran? Ich werde mit Mut zu sterben wissen; das ist leichter, als zu leben.

CAMILLE  Danton, noch ist's Zeit.

DANTON  Unmöglich, – aber ich hätte nicht gedacht

CAMILLE  Deine Trägheit!

DANTON  Ich bin nicht träg, aber müde. Meine Sohlen brennen mich.

CAMILLE  Wo gehst du hin?

DANTON  Ja, wer das wüßte!

CAMILLE  Im Ernst, wohin?

DANTON  Spazieren, mein Junge, spazieren! *Er geht.*

LUCILE  Ach Camille!

CAMILLE  Sei ruhig, lieb Kind.

LUCILE  Wenn ich denke, daß sie dies Haupt! – Mein Camille! das ist Unsinn, gelt, ich bin wahnsinnig?

CAMILLE  Sei ruhig, Danton und ich sind nicht Eins.

LUCILE  Die Erde ist weit und es sind viel Dinge drauf, warum denn gerade das eine? Wer sollte mir's nehmen? Das wäre arg. Was wollten sie auch damit anfangen?

CAMILLE  Ich wiederhole dir, du kannst ruhig sein. Gestern sprach ich mit Robespierre, er war freundlich. Wir sind ein wenig gespannt, das ist wahr, verschiedne Ansichten, sonst nichts!

LUCILE  Such' ihn auf.

CAMILLE  Wir saßen auf einer Schulbank.[7] Er war immer finster und einsam. Ich allein suchte ihn auf und machte ihn zuweilen lachen. Er hat mir immer große Anhänglichkeit gezeigt.[8] Ich gehe.

LUCILE  So schnell, mein Freund? Geh! Komm! Nur das *sie küßt ihn* und das! Geh! Geh! *Camille ab.*

Das ist eine böse Zeit. Es geht einmal so. Wer kann da drüber hinaus? Man muß sich fassen.

*Singt.*   Ach Scheiden,[9] ach Scheiden, ach Scheiden,
           Wer hat sich das Scheiden erdacht?

Wie kommt mir gerad das in Kopf? Das ist nicht gut, daß es den Weg so von selbst findet.

Wie er hinaus ist, war mir's als könnte er nicht mehr umkehren und müsse immer weiter weg von mir, immer weiter.

Wie das Zimmer so leer ist, die Fenster stehn offen, als hätte ein Toter drin gelegen. Ich halt' es da oben nicht aus. *Sie geht.*

## II, 4 Freies Feld[1]

DANTON Ich mag nicht weiter. Ich mag in dieser Stille mit dem Geplauder meiner Tritte und dem Keuchen meines Atems nicht Lärmen machen. *Er setzt sich nieder, nach einer Pause.*

Man hat mir von einer Krankheit erzählt, die einem das Gedächtnis verlieren mache. Der Tod soll etwas davon haben. Dann kommt mir manchmal die Hoffnung, daß er vielleicht noch kräftiger wirke und einem A l l e s verlieren mache. Wenn das wäre!

Dann lief ich[2] wie ein Christ um meinen Feind d.h. mein Gedächtnis zu retten.

Der Ort soll sicher sein, ja für mein Gedächtnis, aber nicht für mich, mir gibt das Grab mehr Sicherheit, es schafft mir wenigstens V e r g e s s e n! Es tötet mein Gedächtnis. Dort[3] aber lebt mein Gedächtnis und tötet mich. Ich oder es? Die Antwort ist leicht. *Er erhebt sich und kehrt um.*[4]

Ich kokettiere mit dem Tod, es ist ganz angenehm so aus der Entfernung mit dem Lorgnon mit ihm zu liebäugeln. Eigentlich muß ich über die ganze Geschichte lachen. Es ist ein Gefühl des Bleibens in mir, was mir sagt, es wird morgen sein, wie heute, und übermorgen und weiter hinaus ist Alles wie eben. Das ist leerer Lärm, man will mich schrecken, sie werden's nicht wagen. *Ab.*

## II, 5 Ein Zimmer

*Es ist Nacht*

DANTON *am Fenster.* Will denn das nie aufhören? Wird das Licht
nie ausglühn und der Schall nie modern,[1] will's denn nie still
und dunkel werden, daß wir uns die garstigen Sünden einander
nicht mehr anhören und ansehen? – September! –

JULIE *ruft von innen.* Danton! Danton!

DANTON He?

JULIE *tritt ein.* Was rufst du?

DANTON Rief ich?

JULIE Du sprachst von garstigen Sünden und dann stöhntest du:
September!

DANTON Ich, ich? Nein, ich sprach nicht, das dacht ich kaum, das
waren nur ganz leise heimliche Gedanken.

JULIE Du zitterst Danton.

DANTON Und soll ich nicht zittern, wenn so die Wände plaudern?
Wenn mein Leib so zerschellt ist, daß meine Gedanken unstet,
umirrend mit den Lippen der Steine reden? Das ist seltsam.

JULIE Georg, mein Georg!

DANTON Ja Julie, das ist sehr seltsam. Ich möchte nicht mehr
denken, wenn das gleich so spricht. Es gibt Gedanken Julie, für
die es keine Ohren geben sollte. Das ist nicht gut, daß sie bei der
Geburt gleich schreien, wie Kinder. Das ist nicht gut.

JULIE Gott erhalte dir deine Sinne, Georg, Georg, erkennst du
mich?

DANTON Ei warum nicht, du bist ein Mensch und dann eine Frau
und endlich meine Frau, und die Erde hat fünf Weltteile,
Europa, Asien, Afrika, Amerika, Australien und zweimal zwei
macht vier. Ich bin bei Sinnen, siehst du. Schrie's nicht September? Sagtest du nicht so was?

JULIE Ja Danton, durch alle Zimmer hört' ich's.

DANTON Wie ich an's Fenster kam – *er sieht hinaus* die Stadt ist
ruhig, alle Lichter aus…

JULIE Ein Kind schreit in der Nähe.

DANTON Wie ich an's Fenster kam – durch alle Gassen schrie und
zetert' es: September!

JULIE Du träumtest Danton. Faß dich.

DANTON Träumtest? ja ich träumte, doch das war anders, ich will dir es gleich sagen, mein armer Kopf ist schwach, gleich! so jetzt hab ich's! Unter mir keuchte die Erdkugel in ihrem Schwung,[2] ich hatte sie wie ein wildes Roß gepackt, mit riesigen Gliedern wühlt' ich in ihrer Mähne und preßt' ich ihre Rippen, das Haupt abwärts gebückt, die Haare flatternd über dem Abgrund. So ward ich geschleift. Da schrie ich in der Angst, und ich erwachte. Ich trat an's Fenster – und da hört' ich's Julie.

Was das Wort nur will? Warum gerade das, was hab' ich damit zu schaffen. Was streckt es nach mir die blutigen Hände? Ich hab' es nicht geschlagen.

O hilf mir Julie, mein Sinn ist stumpf. War's nicht im September Julie?

JULIE Die Könige waren[3] nur noch vierzig Stunden von Paris,

DANTON Die Festungen[4] gefallen, die Aristokraten in der Stadt,

JULIE Die Republik war verloren.

DANTON Ja verloren. Wir konnten den Feind nicht im Rücken lassen, wir wären Narren gewesen, zwei Feinde auf einem Brett, wir oder sie, der Stärkere stößt den Schwächeren hinunter, ist das nicht billig?

JULIE Ja, ja.

DANTON Wir schlugen sie, das war kein Mord, das war Krieg nach innen.

JULIE Du hast das Vaterland gerettet.

DANTON Ja das hab' ich. Das war Notwehr, wir mußten. Der Mann am Kreuze hat sich's bequem gemacht: es muß ja Ärgernis kommen,[5] doch wehe dem, durch welchen Ärgernis kommt.

Es muß, das war dies Muß.[6] Wer will der Hand fluchen, auf die der Fluch des Muß gefallen? Wer hat das M u ß gesprochen, wer? Was ist das, was in uns hurt, lügt, stiehlt und mordet?

Puppen sind wir[7] von unbekannten Gewalten am Draht gezogen; nichts, nichts wir selbst! Die Schwerter, mit denen Geister kämpfen, man sieht nur die Hände nicht, wie im Märchen. Jetzt bin ich ruhig.

JULIE Ganz ruhig, lieb Herz?

DANTON Ja Julie, komm, zu Bette!

60

## II, 6 Straße vor Dantons Haus[1]

*Simon. Bürgersoldaten*

SIMON Wie weit ist's in der Nacht?

ERSTER BÜRGER Was in der Nacht?

SIMON Wie weit ist die Nacht?

ERSTER BÜRGER So weit als zwischen Sonnenuntergang und Sonnenaufgang.

SIMON Schuft, wieviel Uhr?

ERSTER BÜRGER Sieh auf dein Zifferblatt; es ist die Zeit, wo die Perpendikel unter den Bettdecken ausschlagen.

SIMON Wir müssen hinauf! Fort Bürger! Wir haften mit unseren Köpfen dafür. Tot oder lebendig! Er hat gewaltige Glieder. Ich werde vorangehn, Bürger. Der Freiheit eine Gasse![2]
Sorgt für mein Weib! Eine Eichenkrone werd' ich ihr hinterlassen.

ERSTER BÜRGER Eine Eichelkron?[3] Es sollen ihr ohnehin jeden Tag Eicheln genug in den Schoß fallen.

SIMON Vorwärts Bürger, ihr werdet euch um das Vaterland verdient machen.

ZWEITER BÜRGER Ich wollte das Vaterland machte sich um uns verdient; über all den Löchern, die wir in andrer Leute Körper machen, ist noch kein einziges in unsern Hosen zugegangen.

ERSTER BÜRGER Willst du, daß dir dein Hosenlatz zuginge? Hä, hä, hä.

DIE ANDERN Hä, hä, hä.

SIMON Fort, fort! *Sie dringen in Dantons Haus.*


## II, 7 Der Nationalkonvent

*Eine Gruppe von Deputierten*

LEGENDRE Soll denn das Schlachten der Deputierten nicht aufhören?
Wer ist noch sicher, wenn Danton fällt?

EIN DEPUTIERTER Was tun?

EIN ANDERER Er muß vor den Schranken des Konvents gehört werden. Der Erfolg dieses Mittels ist sicher, was sollten sie seiner Stimme entgegensetzen?

EIN ANDERER Unmöglich, ein Dekret[1] verhindert uns.

LEGENDRE Es muß zurückgenommen oder eine Ausnahme gestattet werden. Ich werde den Antrag machen. Ich rechne auf eure Unterstützung.

DER PRÄSIDENT Die Sitzung ist eröffnet.

LEGENDRE *besteigt die Tribüne.* Vier Mitglieder des National-konvents sind verflossene Nacht verhaftet worden. Ich weiß, daß Danton einer von ihnen ist, die Namen der Übrigen kenne ich nicht. Mögen sie übrigens sein, wer sie wollen, so verlange ich, daß sie vor den Schranken gehört werden. Bürger, ich erkläre es, ich halte Danton für ebenso rein, wie mich selbst und ich glaube nicht, daß mir irgend ein Vorwurf gemacht werden kann. Ich will kein Mitglied des Wohlfahrts- oder des Sicherheitsausschusses angreifen, aber gegründete Ursachen lassen mich fürchten Privathaß und Privatleidenschaften könnten der Freiheit Männer entreißen, die ihr die größten Dienste erwiesen haben. Der Mann, welcher im Jahre 1792 Frankreich durch seine Energie rettete,[2] verdient gehört zu werden, er muß sich erklären dürfen wenn man ihn des Hochverrats anklagt. *Heftige Bewegung.*

EINIGER STIMMEN Wir unterstützen Legendres Vorschlag.

EIN DEPUTIERTER Wir sind hier im Namen des Volkes, man kann uns ohne den Willen unserer Wähler nicht von unseren Plätzen reißen.

EIN ANDERER Eure Worte riechen nach Leichen, ihr habt sie den Girondisten aus dem Mund genommen. Wollt ihr Privilegien? Das Beil des Gesetzes schwebt über allen Häuptern.

EIN ANDERER Wir können unsern Ausschüssen nicht erlauben die Gesetzgeber aus dem Asyl des Gesetzes auf die Guillotine zu schicken.

EIN ANDERER Das Verbrechen hat kein Asyl, nur gekrönte Verbrechen finden eins auf dem Thron.

EIN ANDERER Nur Spitzbuben appellieren an das Asylrecht.

EIN ANDERER Nur Mörder erkennen es nicht an.

ROBESPIERRE Die seit langer Zeit in dieser Versammlung unbekannte Verwirrung, beweist, daß es sich um große Dinge handelt. Heute entscheidet sich's ob einige Männer den Sieg über das Vaterland davontragen werden. Wie könnt ihr eure Grundsätze weit genug verleugnen, um heute einigen Individuen das zu bewilligen, was ihr gestern[3] Chabot, Delaunay und Fabre[4] verweigert habt? Was soll dieser Unterschied zu Gunsten einiger Männer? Was kümmern mich die Lobsprüche, die man sich selbst und seinen Freunden spendet? Nur zu viele Erfahrungen haben uns gezeigt, was davon zu halten sei. Wir fragen nicht ob ein Mann diese oder jene patriotische Handlung vollbracht habe, wir fragen nach seiner ganzen politischen Laufbahn.

Legendre scheint die Namen der Verhafteten nicht zu wissen, der ganze Konvent kennt sie. Sein Freund Lacroix ist darunter. Warum scheint Legendre das nicht zu wissen? Weil er wohl weiß, daß nur die Schamlosigkeit Lacroix verteidigen kann. Er nannte nur Danton, weil er glaubt an diesen Namen knüpfe sich ein Privilegium. Nein, wir wollen keine Privilegien, wir wollen keine Götzen! *Beifall.*

Was hat Danton vor Lafayette, vor Dumouriez, vor Brissot, Fabre, Chabot, Hébert voraus? Was sagt man von diesen, was man nicht auch von ihm sagen könnte? Habt ihr sie gleichwohl geschont? Wodurch verdient er einen Vorzug vor seinen Mitbürgern? Etwa, weil einige betrogne Individuen und Andere, die sich nicht betrügen ließen, sich um ihn reihten um in seinem Gefolge dem Glück und der Macht in die Arme zu laufen? Je mehr er die Patrioten betrogen hat, welche Vertrauen in ihn setzten, desto nachdrücklicher muß er die Strenge der Freiheitsfreunde empfinden.

Man will euch Furcht einflößen vor dem Mißbrauche einer Gewalt, die ihr selbst ausgeübt habt. Man schreit über den Despotismus der Ausschüsse,[5] als ob das Vertrauen, welches das Volk euch geschenkt und das ihr diesen Ausschüssen übertragen habt, nicht eine sichre Garantie ihres Patriotismus wäre. Man stellt sich, als zittre man. Aber ich sage euch, wer in diesem Augenblicke zittert ist schuldig, denn nie zittert die Unschuld vor der öffentlichen Wachsamkeit. *Allgemeiner Beifall.*

Man hat auch mich schrecken wollen, man gab mir zu verstehen, daß die Gefahr, indem sie sich Danton nähere, auch bis zu mir dringen könne.

Man schrieb mir, Dantons Freunde hielten mich umlagert in der Meinung die Erinnerung an eine alte Verbindung, der blinde Glauben an erheuchelte Tugenden könnten mich bestimmen meinen Eifer und meine Leidenschaft für die Freiheit zu mäßigen.

So erkläre ich denn, nichts soll mich aufhalten, und sollte auch Dantons Gefahr die meinige werden. Wir Alle haben etwas Mut und etwas Seelengröße nötig. Nur Verbrecher und gemeine Seelen fürchten Ihresgleichen an ihrer Seite fallen zu sehen, weil sie, wenn keine Schar von Mitschuldigen sie mehr versteckt, sich dem Licht der Wahrheit ausgesetzt sehen. Aber wenn es dergleichen Seelen in dieser Versammlung gibt, so gibt es in ihr auch heroische. Die Zahl der Schurken ist nicht groß. Wir haben nur wenige Köpfe zu treffen und das Vaterland ist gerettet. *Beifall.*

Ich verlange, daß Legendres Vorschlag zurückgewiesen werde. *Die Deputierten erheben sich sämtlich zum Zeichen allgemeiner Beistimmung.*

ST. JUST Es scheint in dieser Versammlung⁶ einige empfindliche Ohren zu geben, die das Wort Blut nicht wohl vertragen können. Einige allgemeine Betrachtungen mögen sie überzeugen, daß wir nicht grausamer sind als die Natur und als die Zeit. Die Natur folgt ruhig und unwiderstehlich ihren Gesetzen, der Mensch wird vernichtet, wo er mit ihnen in Konflikt kommt. Eine Veränderung in den Bestandteilen der Luft, ein Auflodern des tellurischen Feuers, ein Schwanken in dem Gleichgewicht einer Wassermasse und eine Seuche, ein vulkanischer Ausbruch, eine Überschwemmung begraben Tausende. Was ist das Resultat? Eine unbedeutende, im großen Ganzen kaum bemerkbare Veränderung der physischen Natur, die fast spurlos vorübergegangen sein würde, wenn nicht Leichen auf ihrem Wege lägen.

Ich frage nun: soll die moralische Natur in ihren Revolutionen mehr Rücksicht nehmen, als die physische? Soll eine Idee nicht ebensogut wie ein Gesetz der Physik vernichten dürfen, was sich ihr widersetzt? Soll überhaupt ein Ereignis, was die ganze Gestaltung der moralischen Natur d.h. der Menschheit umändert, nicht durch Blut gehen dürfen? Der Weltgeist[7] bedient sich in der geistigen Sphäre unserer Arme eben so, wie er in der physischen Vulkane oder Wasserfluten gebraucht. Was liegt daran ob sie nun an einer Seuche oder an der Revolution sterben? –

Die Schritte der Menschheit sind langsam, man kann sie nur nach Jahrhunderten zählen, hinter jedem erheben sich die Gräber von Generationen. Das Gelangen zu den einfachsten Erfindungen und Grundsätzen hat Millionen das Leben gekostet, die auf dem Wege starben. Ist es denn nicht einfach, daß zu einer Zeit, wo der Gang der Geschichte rascher ist, auch mehr Menschen außer Atem kommen?

Wir schließen schnell und einfach: da Alle unter gleichen Verhältnissen geschaffen werden, so sind Alle gleich, die Unterschiede abgerechnet, welche die Natur selbst gemacht hat. Es darf daher jeder Vorzüge und darf daher Keiner Vorrechte haben, weder ein Einzelner, noch eine geringere oder größere Klasse von Individuen. Jedes Glied dieses in der Wirklichkeit angewandten Satzes hat seine Menschen getötet. Der 14. Juli, der 10. August, der 31. May[8] sind seine Interpunktionszeichen. Er hatte vier Jahre Zeit nötig um in der Körperwelt durchgeführt zu werden, und unter gewöhnlichen Umständen hätte er ein Jahrhundert dazu gebraucht und wäre mit Generationen interpunktiert worden. Ist es da so zu verwundern, daß der Strom der Revolution bei jedem Absatz, bei jeder neuen Krümmung seine Leichen ausstößt?

Wir werden unserm Satze noch einige Schlüsse hinzuzufügen haben, sollen einige Hundert Leichen uns verhindern sie zu machen?

Moses[9] führte sein Volk durch das rote Meer und in die Wüste bis die alte verdorbne Generation sich aufgerieben hatte, eh' er den neuen Staat gründete. Gesetzgeber! Wir haben weder das rote Meer noch die Wüste aber wir haben den Krieg und die Guillotine.

Die Revolution ist wie die Töchter des Pelias;[10] sie zerstückt die Menschheit um sie zu verjüngen. Die Menschheit wird aus dem Blutkessel wie die Erde aus den Wellen der Sündflut mit urkräftigen Gliedern sich erheben, als wäre sie zum Erstenmale geschaffen. *Langer, anhaltender Beifall. Einige Mitglieder erheben sich im Enthusiasmus.*

Alle geheimen Feinde der Tyrannei, welche in Europa und auf dem ganzen Erdkreise den Dolch des Brutus unter ihren Gewändern tragen, fordern wir auf diesen erhabenen Augenblick mit uns zu teilen. *Die Zuhörer und die Deputierten stimmen die Marseillaise an.*

# Dritter Akt

## III, 1 Das Luxemburg.[1] Ein Saal mit Gefangnen

*Chaumette, Payne,*[2] *Mercier, Hérault de Séchelles und andre Gefangne.*

CHAUMETTE *zupft Payne am Ärmel.* Hören Sie Payne es könnte doch so sein, vorhin überkam es mich so; ich habe heute Kopfweh, helfen Sie mir ein wenig mit Ihren Schlüssen, es ist mir ganz unheimlich zu Mut.

PAYNE So komm Philosoph Anaxagoras[3] ich will dich katechisieren. E s   g i b t   k e i n e n   G o t t, denn: entweder hat Gott die Welt geschaffen oder nicht. Hat er sie nicht geschaffen so hat die Welt ihren Grund in sich und es gibt keinen Gott, da Gott nur dadurch Gott wird, daß er den Grund alles Seins enthält. – Nun kann aber Gott die Welt nicht geschaffen haben, denn entweder ist die Schöpfung ewig wie Gott, oder sie hat einen Anfang. Ist Letzteres der Fall so muß Gott sie zu einem bestimmten Zeitpunkt geschaffen haben, Gott muß also nachdem er eine Ewigkeit geruht einmal tätig geworden sein, muß also einmal eine Veränderung in sich erlitten haben, die den Begriff Z e i t auf ihn anwenden läßt, was Beides gegen das Wesen Gottes streitet. Gott kann also die Welt nicht geschaffen haben. Da wir nun aber sehr deutlich wissen, daß die Welt oder daß unser Ich wenigstens vorhanden ist und daß sie dem Vorhergehenden nach also auch ihren Grund in sich oder in etwas haben muß, das nicht Gott ist, so kann es keinen Gott geben. Quod erat demonstrandum.

CHAUMETTE Ei wahrhaftig, das gibt mir wieder Licht, ich danke, danke.

MERCIER Halten Sie, Payne, wenn aber die Schöpfung ewig ist?

PAYNE Dann ist sie schon keine Schöpfung mehr, dann ist sie Eins mit Gott oder ein Attribut desselben, wie Spinoza sagt, dann ist

Gott in Allem, in Ihnen Wertester, im Philosoph Anaxagoras und in mir; das wäre so übel nicht, aber Sie müssen mir zugestehen, daß es gerade nicht viel um die himmlische Majestät ist, wenn der liebe Herrgott in jedem von uns Zahnweh kriegen, den Tripper haben, lebendig begraben werden oder wenigstens die sehr unangenehmen Vorstellungen davon haben kann.

MERCIER Aber eine Ursache muß doch da sein.

PAYNE Wer leugnet dies; aber wer sagt Ihnen denn, daß diese Ursache das sei, was wir uns als Gott d.h. als das Vollkommne denken? Halten Sie die Welt für vollkommen?

MERCIER Nein.

PAYNE Wie wollen Sie denn aus einer unvollkommnen Wirkung auf eine vollkommne Ursache schließen? Voltaire[4] wagte es ebensowenig mit Gott, als mit den Königen zu verderben, deswegen tat er es. Wer einmal nichts hat als Verstand und ihn nicht einmal konsequent zu gebrauchen weiß oder wagt, ist ein Stümper.

MERCIER Ich frage dagegen kann eine vollkommne Ursache eine vollkommne Wirkung haben d.h. kann etwas Vollkommnes, was Vollkommnes schaffen? Ist das nicht unmöglich, weil das Geschaffne doch nie seinen Grund in sich haben kann, was doch wie Sie sagten zur Vollkommenheit gehört?

CHAUMETTE Schweigen Sie! Schweigen Sie!

PAYNE Beruhige dich Philosoph. Sie haben Recht; aber muß denn Gott einmal schaffen,[5] kann er nur was Unvollkommnes schaffen, so läßt er es gescheuter[6] ganz bleiben. Ist's nicht sehr menschlich, uns Gott nur als schaffend denken zu können? Weil wir uns immer regen und schütteln müssen um uns nur immer sagen zu können: wir sind! müssen wir Gott auch dies elende Bedürfnis andichten? Müssen wir, wenn sich unser Geist in das Wesen einer harmonisch in sich ruhenden, ewigen Seligkeit versenkt, gleich annehmen sie müsse die Finger ausstrecken und über Tisch Brotmännchen kneten? aus überschwenglichem Liebesbedürfnis, wie wir uns ganz geheimnisvoll in die Ohren sagen. Müssen wir das Alles, bloß um uns zu Göttersöhnen zu machen? Ich nehme mit einem geringern Vater vorlieb,[7] wenigstens werd' ich ihm nicht nachsagen können, daß er mich unter seinem Stande in Schweinställen oder auf den Galeeren habe erziehen lassen.

Schafft das Unvollkommne weg, dann allein könnt ihr Gott demonstrieren, Spinoza hat es versucht.[8] Man kann das Böse leugnen, aber nicht den Schmerz;[9] nur der Verstand kann Gott beweisen, das Gefühl empört sich dagegen. Merke dir es, Anaxagoras, warum leide ich? Das ist der Fels des Atheismus.[10] Das leiseste Zucken des Schmerzes und rege es sich nur in einem Atom, macht einen Riß in der Schöpfung von oben bis unten.

MERCIER  Und die Moral?

PAYNE  Erst beweist ihr Gott aus der Moral und dann die Moral aus Gott. Was wollt ihr denn mit eurer Moral? Ich weiß nicht ob es an und für sich was Böses oder was Gutes gibt,[11] und habe deswegen doch nicht nötig meine Handlungsweise zu ändern. Ich handle meiner Natur gemäß, was ihr angemessen, ist für mich gut und ich tue es und was ihr zuwider, ist für mich bös und ich tue es nicht und verteidige mich dagegen, wenn es mir in den Weg kommt. Sie können, wie man so sagt, tugendhaft bleiben und sich gegen das sogenannte Laster wehren, ohne deswegen Ihre Gegner verachten zu müssen, was ein gar trauriges Gefühl ist.

CHAUMETTE  Wahr, sehr wahr!

HÉRAULT  O Philosoph Anaxagoras, man könnte aber auch sagen, damit Gott Alles sei, müsse er auch sein eignes Gegenteil sein, d.h. vollkommen und unvollkommen, bös und gut, selig und leidend, das Resultat freilich würde gleich Null sein, es würde sich gegenseitig heben, wir kämen zum Nichts. Freue dich, du kömmst[12] glücklich durch, du kannst ganz ruhig in Madame Momoro das Meisterstück der Natur anbeten, wenigstens hat sie dir die Rosenkränze[13] dazu in den Leisten gelassen.

CHAUMETTE  Ich danke Ihnen verbindlichst, meine Herren. *Ab.*

PAYNE  Er traut noch nicht, er wird sich zu guter Letzt noch die Ölung geben, die Füße nach Mecca zu legen, und sich beschneiden lassen um ja keinen Weg zu verfehlen.

*Danton, Lacroix, Camille, Philippeau werden hereingeführt*

HÉRAULT *läuft auf Danton zu und umarmt ihn.* Guten Morgen, gute Nacht sollte ich sagen. Ich kann nicht fragen, wie hast du geschlafen. Wie wirst du schlafen?

DANTON Nun gut, man muß lachend zu Bett gehn.

MERCIER *zu Payne.* Diese Dogge mit Taubenflügeln! Er ist der böse Genius der Revolution, er wagte sich an seine Mutter,[14] aber sie war stärker als er.

PAYNE Sein Leben und sein Tod sind ein gleich großes Unglück.

LACROIX *zu Danton.* Ich dachte nicht, daß sie so schnell kommen würden.

DANTON Ich wußt' es, man hatte mich gewarnt.

LACROIX Und du hast nichts gesagt?

DANTON Zu was? Ein Schlagfluß ist der beste Tod, wolltest du zuvor krank sein? Und – ich dachte nicht, daß sie es wagen würden. *Zu Hérault.* Es ist besser sich in die Erde legen, als sich Leichdörner auf ihr laufen; ich habe sie lieber zum Kissen, als zum Schemel.

HÉRAULT Wir werden wenigstens nicht mit Schwielen an den Fingern der hübschen Dame Verwesung die Wangen streicheln.

CAMILLE *zu Danton.* Gib dir nur keine Mühe. Du magst die Zunge noch so weit zum Hals heraushängen, du kannst dir damit doch nicht den Todesschweiß von der Stirne lecken. O Lucile? das ist ein großer Jammer.

*Die Gefangnen drängen sich um die neu Angekommnen.*

DANTON *zu Payne.* Was Sie für das Wohl Ihres Landes getan, habe ich für das meinige versucht. Ich war weniger glücklich, man schickt mich auf's Schafott, meinetwegen, ich werde nicht stolpern.

MERCIER *zu Danton.* Das Blut der zweiundzwanzig[15] ersäuft dich.

EIN GEFANGENER *zu Hérault.* Die Macht des Volkes und die Macht der Vernunft sind eins.[16]

EIN ANDRER *zu Camille.* Nun Generalprokurator der Laterne[17] deine Verbesserung der Straßenbeleuchtung hat in Frankreich nicht heller gemacht.

EIN ANDRER Laßt ihn! Das sind die Lippen, welche das Wort Erbarmen gesprochen. *Er umarmt Camille, mehrere Gefangne folgen seinem Beispiel.*

PHILIPPEAU Wir sind Priester, die mit Sterbenden gebetet haben,

70

wir sind angesteckt worden und sterben an der nämlichen
Seuche.

EINIGE STIMMEN Der Streich, der euch trifft, tötet uns Alle.

CAMILLE Meine Herren ich beklage sehr, daß unsere Anstren-
gungen so fruchtlos waren, ich gehe auf's Schafott, weil mir die
Augen über das Los einiger Unglücklichen naß geworden.


## III, 2 Ein Zimmer

*Fouquier-Tinville, Herrmann*

FOUQUIER Alles bereit?

HERRMANN Es wird schwer halten; wäre Danton nicht darunter, so
ginge es leicht.

FOUQUIER Er muß vortanzen.

HERRMANN Er wird die Geschwornen erschrecken; er ist die
Vogelscheuche der Revolution.

FOUQUIER Die Geschwornen müssen wollen.

HERRMANN Ein Mittel wüßt' ich, aber es wird die gesetzliche Form
verletzen.

FOUQUIER Nur zu.

HERRMANN Wir losen nicht,[1] sondern suchen die Handfesten aus.

FOUQUIER Das muß gehen. Das wird ein gutes Heckefeuer[2] geben.
Es sind ihrer neunzehn. Sie sind geschickt zusammengewörfelt.[3] Die vier Fälscher,[4] dann einige Bankiers und
Fremde.[5] Es ist ein pikantes Gericht. Das Volk braucht
dergleichen. Also zuverlässige Leute! Wer zum Beispiel?

HERRMANN Leroi,[6] er ist taub und hört daher nichts von All dem,
was die Angeklagten vorbringen, Danton mag sich den Hals bei
ihm rauh schreien.

FOUQUIER Sehr gut. Weiter!

HERRMANN Vilatte und Lumière, der eine sitzt immer in der
Trinkstube und der andere schläft immer, beide öffnen den
Mund nur, um das Wort: s c h u l d i g! zu sagen.
Girard hat den Grundsatz, es dürfe Keiner entwischen, der
einmal vor das Tribunal gestellt sei. Renaudin,

FOUQUIER Auch der? Er half einmal einigen Pfaffen durch.

HERRMANN Sei ruhig, vor einigen Tagen kommt er zu mir und

verlangt man solle allen Verurteilten vor der Hinrichtung zur Ader lassen um sie ein wenig matt zu machen, ihre meist trotzige Haltung ärgere ihn.

FOUQUIER  Ach sehr gut. Also ich verlasse mich.

HERRMANN  Laß mich nur machen.

## III, 3 Das Luxemburg. Ein Korridor

*Lacroix, Danton, Mercier und andre Gefangne auf und ab gehend*

LACROIX *zu einem Gefangnen.* Wie, so viel Unglückliche, und in einem so elenden Zustande?

DER GEFANGNE  Haben Ihnen die Guillotinenkarren nie gesagt, daß Paris eine Schlachtbank sei?

MERCIER  Nicht wahr, Lacroix? Die Gleichheit schwingt ihre Sichel über allen Häuptern, die Lava der Revolution fließt, die Guillotine republikanisiert! Da klatschen die Galerien und die Römer[1] reiben sich die Hände, aber sie hören nicht, daß jedes dieser Worte das Röcheln eines Opfers ist. Geht einmal euren Phrasen nach, bis zu dem Punkt wo sie verkörpert werden.

Blickt um euch, das Alles habt ihr gesprochen, es ist eine mimische Übersetzung eurer Worte. Diese Elenden, ihre Henker und die Guillotine sind eure lebendig gewordnen Reden. Ihr bautet eure Systeme, wie Bajazet[2] seine Pyramiden, aus Menschenköpfen.

DANTON  Du hast Recht. Man arbeitet heut zu Tag Alles in Menschenfleisch. Das ist der Fluch unserer Zeit. Mein Leib wird jetzt auch verbraucht.

Es ist jetzt ein Jahr, daß ich das Revolutionstribunal schuf.[3] Ich bitte Gott und Menschen dafür um Verzeihung, ich wollte neuen Septembermorden zuvorkommen, ich hoffte die Unschuldigen zu retten, aber dies langsame Morden mit seinen Formalitäten ist gräßlicher und ebenso unvermeidlich. Meine Herren ich hoffte Sie Alle diesen Ort verlassen zu machen.

MERCIER  Oh, herausgehen werden wir.

DANTON  Ich bin jetzt bei Ihnen, der Himmel weiß wie das enden soll.

## III, 4 Das Revolutionstribunal[1]

HERRMANN *zu Danton*. Ihr Name, Bürger.

DANTON Die Revolution nennt meinen Namen. Meine Wohnung ist bald im Nichts und mein Namen im Pantheon der Geschichte.

HERRMANN Danton, der Konvent beschuldigt Sie, mit Mirabeau, mit Dumouriez, mit Orléans, mit den Girondisten, den Fremden und der Faktion Ludwig des XVII.[2] konspiriert zu haben.

DANTON Meine Stimme, die ich so oft für die Sache des Volkes ertönen ließ, wird ohne Mühe die Verleumdung zurückweisen. Die Elenden, welche mich anklagen, mögen hier erscheinen und ich werde sie mit Schande bedecken. Die Ausschüsse mögen sich hierher begeben, ich werde nur vor ihnen antworten. Ich habe sie als Kläger und als Zeugen nötig.

Sie mögen sich zeigen.

Übrigens, was liegt mir an euch und eurem Urteil. Ich hab' es euch schon gesagt das Nichts wird bald mein Asyl sein – das Leben ist mir zur Last, man mag mir es entreißen, ich sehne mich danach es abzuschütteln.

HERRMANN Danton, die Kühnheit ist dem Verbrechen, die Ruhe der Unschuld eigen.

DANTON Privatkühnheit ist ohne Zweifel zu tadeln, aber jene Nationalkühnheit, die ich so oft gezeigt, mit welcher ich so oft für die Freiheit gekämpft habe, ist die verdienstvollste aller Tugenden. Sie ist meine Kühnheit, sie ist es, der ich mich hier zum Besten der Republik gegen meine erbärmlichen Ankläger bediene. Kann ich mich fassen, wenn ich mich auf eine so niedrige Weise verleumdet sehe? Von einem Revolutionär, wie ich darf man keine kalte Verteidigung erwarten. Männer meines Schlages sind in Revolutionen unschätzbar, auf ihrer Stirne schwebt das Genie der Freiheit. *Zeichen von Beifall unter den Zuhörern.*

Mich klagt man an, mit Mirabeau, mit Dumouriez, mit Orléans konspiriert, zu den Füßen elender Despoten gekrochen zu haben, mich fordert man auf vor der unentrinnbaren, unbeugsamen Gerechtigkeit[3] zu antworten. Du elender St. Just wirst der Nachwelt für diese Lästerung[4] verantwortlich sein!

HERRMANN Ich fordere Sie auf mit Ruhe zu antworten, gedenken Sie Marats, er trat mit Ehrfurcht vor seine Richter.

DANTON Sie haben die Hände an mein ganzes Leben gelegt, so mag es sich denn aufrichten und ihnen entgegentreten, unter dem Gewichte jeder meiner Handlungen werde ich sie begraben.

Ich bin nicht stolz darauf. Das Schicksal führt uns die Arme, aber nur gewaltige Naturen sind seine Organe.

Ich habe auf dem Marsfelde[5] dem Königtume den Krieg erklärt, ich habe es am 10. August[6] geschlagen, ich habe es am 21. Januar[7] getötet und den Königen einen Königskopf als Fehdehandschuh hingeworfen. *Wiederholte Zeichen von Beifall. Er nimmt die Anklageakte.* Wenn ich einen Blick auf diese Schandschrift werfe fühle ich mein ganzes Wesen beben. Wer sind denn die, welche Danton nötigen mußten sich an jenem denkwürdigen Tage (dem 10. August) zu zeigen? Wer sind denn die privilegierten Wesen, von denen er seine Energie borgte? Meine Ankläger mögen erscheinen! Ich bin ganz bei Sinnen, wenn ich es verlange. Ich werde die platten[8] Schurken entlarven und sie in das Nichts zurückschleudern, aus dem sie nie hätten hervorkriechen sollen.

HERRMANN *schellt.* Hören Sie die Klingel nicht?

DANTON Die Stimme eines Menschen, welcher seine Ehre und sein Leben verteidigt, muß deine Schelle[9] überschreien.

Ich habe im September die junge Brut der Revolution mit den zerstückten Leibern der Aristokraten geätzt.[10] Meine Stimme hat aus dem Golde der Aristokraten und Reichen dem Volke Waffen geschmiedet. Meine Stimme war der Orkan, welcher die Satelliten des Despotismus unter Wogen von Bajonetten begrub. *Lauter Beifall.*

HERRMANN Danton, Ihre Stimme ist erschöpft, Sie sind zu heftig bewegt. Sie werden das Nächstemal Ihre Verteidigung beschließen. Sie haben Ruhe nötig.

Die Sitzung ist aufgehoben.

DANTON Jetzt kennt Ihr Danton; noch wenige Stunden und er wird in den Armen des Ruhmes entschlummern.

## III, 5 Das Luxemburg. Ein Kerker

*Dillon, Laflotte, ein Gefangenwärter*

DILLON Kerl leuchte mir mit deiner Nase nicht so in's Gesicht. Hä, hä, hä!

LAFLOTTE Halte den Mund zu, deine Mondsichel hat einen Hof.[1] Hä, hä, hä.

WÄRTER Hä, hä, hä. Glaubt Ihr, Herr, daß Ihr bei ihrem Schein[2] lesen könntet? *Zeigt euf einen Zettel, den er in der Hand hält.*

DILLON Gib her!

WÄRTER Herr, meine Mondsichel hat Ebbe bei mir gemacht.[3]

LAFLOTTE Deine Hosen sehen aus, als ob Flut wäre.

WÄRTER Nein, sie zieht Wasser.[4] *Zu Dillon.* Sie hat sich vor Eurer Sonne verkrochen, Herr,[5] Ihr müßt mir was geben, das sie wieder feurig macht, wenn Ihr dabei lesen wollt.

DILLON Da Kerl! Pack dich. *Er gibt ihm Geld. Wärter ab. Dillon liest.* Danton hat das Tribunal erschreckt, die Geschwornen schwanken, die Zuhörer murrten. Der Zudrang war außerordentlich. Das Volk drängte sich um den Justizpalast[6] und stand bis zu den Brücken. Eine Hand voll Geld, ein Arm endlich, hm! hm! *Er geht auf und ab und schenkt sich von Zeit zu Zeit aus einer Flasche ein.* Hätt' ich nur den Fuß auf der Gasse. Ich werde mich nicht so schlachten lassen. Ja, nur den Fuß auf der Gasse!

LAFLOTTE Und auf dem Karren, das ist eins.

DILLON Meinst du? Da lägen noch ein Paar Schritte dazwischen, lang genug um sie mit den Leichen der Dezemvirn zu messen. – Es ist endlich Zeit, daß die rechtschaffnen Leute das Haupt erheben.

LAFLOTTE *für sich.* Desto besser, um so leichter ist es zu treffen. Nur zu Alter, noch einige Gläser und ich werde flott.

DILLON Die Schurken, die Narren sie werden sich zuletzt noch selbst guillotinieren. *Er läuft auf und ab.*

LAFLOTTE *beiseite.* Man könnte das Leben ordentlich wieder liebhaben, wie sein Kind, wenn man sich's selbst gegeben. Das kommt gerade nicht oft vor, daß man so mit dem Zufall Blutschande treiben und sein eigner Vater werden kann. Vater und Kind zugleich. Ein behaglicher Ödipus![7]

DILLON Man füttert das Volk nicht mit Leichen, Dantons und Camilles Weiber mögen Assignaten[8] unter das Volk werfen, das ist besser als Köpfe.

LAFLOTTE Ich würde mir hintennach die Augen nicht ausreißen, ich könnte sie nötig haben um den guten General zu beweinen.

DILLON Die Hand an Danton! Wer ist noch sicher? Die Furcht wird sie vereinigen.

LAFLOTTE Er ist doch verloren. Was ist's denn, wenn ich auf eine Leiche trete um aus dem Grab zu klettern?

DILLON Nur den Fuß auf der Gasse! Ich werde Leute genug finden, alte Soldaten, Girondisten, Exadlige, wir erbrechen die Gefängnisse, wir müssen uns mit den Gefangnen verständigen.

LAFLOTTE Nun freilich, es riecht ein wenig nach Schufterei. Was tut's? Ich hätte Lust auch das zu versuchen, ich war bisher zu einseitig. Man bekommt Gewissensbisse, das ist doch eine Abwechslung, es ist nicht so unangenehm seinen eignen Gestank zu riechen. Die Aussicht auf die Guillotine ist mir langweilig geworden, so lang auf die Sache zu warten! Ich habe sie im Geist schon zwanzigmal durchprobiert. Es ist auch gar nichts Pikantes mehr dran; es ist ganz gemein geworden.

DILLON Man muß Dantons Frau ein Billet zukommen lassen.

LAFLOTTE Und dann – ich fürchte den Tod nicht, aber den Schmerz. Es könnte wehe tun, wer steht mir dafür? Man sagt zwar es sei nur ein Augenblick, aber der Schmerz hat ein feineres Zeitmaß, er zerlegt eine Tertie.[9] Nein! Der Schmerz ist die einzige Sünde[10] und das Leiden ist das einzige Laster, ich werde tugendhaft bleiben.

DILLON Höre Laflotte, wo ist der Kerl hingekommen? Ich habe Geld, das muß gehen, wir müssen das Eisen schmieden, mein Plan ist fertig.

LAFLOTTE Gleich, gleich! Ich kenne den Schließer, ich werde mit ihm sprechen. Du kannst auf mich zählen General, wir werden aus dem Loch[11] kommen, *für sich im Hinausgehn* um in ein anderes zu gehen, ich in das weiteste, die Welt, er in das engste, das Grab.

## III, 6 Der Wohlfahrtsausschuß[1]

*St. Just, Barrère, Collot d'Herbois, Billaud-Varennes*

BARRÈRE Was schreibt Fouquier?

ST. JUST Das zweite Verhör ist vorbei. Die Gefangnen verlangen das Erscheinen mehrerer Mitglieder des Konvents und des Wohlfahrtsausschusses, sie appellierten an das Volk, wegen Verweigerung der Zeugen.[2] Die Bewegung der Gemüter soll unbeschreiblich sein. Danton parodierte den Jupiter[3] und schüttelte die Locken.

COLLOT Um so leichter wird ihn Samson[4] daran packen.

BARRÈRE Wir dürfen uns nicht zeigen, die Fischweiber und die Lumpensammler könnten uns weniger imposant finden.

BILLAUD Das Volk hat einen Instinkt sich treten zu lassen und wäre es nur mit Blicken, dergleichen insolente Physiognomien gefallen ihm. Solche Stirnen sind ärger als ein adliges Wappen, die feine Aristokratie der Menschenverachtung sitzt auf ihnen. Es sollte sie jeder einschlagen helfen, den es verdrießt einen Blick von oben herunter zu erhalten.

BARRÈRE Er ist wie der hörnerne Siegfried,[5] das Blut der Septembrisierten[6] hat ihn unverwundbar gemacht.
Was sagt Robespierre?

ST. JUST Er tut als ob er etwas zu sagen hätte.
Die Geschwornen[7] müssen sich für hinlänglich unterrichtet erklären und die Debatten schließen.

BARRÈRE Unmöglich, das geht nicht.

ST. JUST Sie müssen weg, um jeden Preis und sollten wir sie mit den eignen Händen erwürgen. Wagt![8] Danton soll uns das Wort nicht umsonst gelehrt haben. Die Revolution wird über ihre Leichen nicht stolpern, aber bleibt Danton am Leben, so wird er sie am Gewand fassen und er hat etwas in seiner Gestalt, als ob er die Freiheit notzüchtigen könnte. *St. Just wird hinausgerufen. Ein Schließer tritt ein*

SCHLIESSER In St. Pelagie[9] liegen Gefangne am Sterben, sie verlangen einen Arzt.

BILLAUD Das ist unnötig, so viel Mühe weniger für den Scharfrichter.

SCHLIESSER Es sind schwangere Weiber dabei.

BILLAUD Desto besser, da brauchen ihre Kinder keinen Sarg.

BARRÈRE Die Schwindsucht eines Aristokraten spart dem Revolutionstribunal eine Sitzung. Jede Arznei wäre kontrerevolutionär.

COLLOT *nimmt ein Papier.* Eine Bittschrift, ein Weibername!

BARRÈRE Wohl eine von denen, die gezwungen sein möchten zwischen einem Guillotinenbrett und dem Bett eines Jakobiners zu wählen. Die wie Lukretia nach dem Verlust ihrer Ehre sterben, aber etwas später als die Römerin, im Kindbett, oder am Krebs oder aus Altersschwäche. Es mag nicht so unangenehm sein einen Tarquinius[10] aus der Tugendrepublik einer Jungfrau zu treiben.

COLLOT Sie ist zu alt. Madame verlangt den Tod, sie weiß sich auszudrücken, das Gefängnis liege auf ihr wie ein Sargdeckel. Sie sitzt erst seit vier Wochen. Die Antwort ist leicht. *Er schreibt und liest.* Bürgerin, es ist noch nicht lange genug, daß du den Tod wünschest.[11]

BARRÈRE Gut gesagt. Aber Collot es ist nicht gut, daß die Guillotine zu lachen anfängt, die Leute haben sonst keine Furcht mehr davor. Man muß sich nicht so familiär machen.

*St. Just kommt zurück*[12]

ST. JUST Eben erhalte ich eine Denunziation. Man konspiriert in den Gefängnissen, ein junger Mensch Namens Laflotte hat Alles entdeckt. Er saß mit Dillon im nämlichen Zimmer, Dillon hat getrunken und geplaudert.

BARRÈRE Er schneidet sich mit seiner Bouteille den Hals ab, das ist schon mehr vorgekommen.[13]

ST. JUST Dantons und Camilles Weiber sollen Geld unter das Volk werfen, Dillon soll ausbrechen, man will die Gefangnen befreien, der Konvent soll gesprengt werden.

BARRÈRE Das sind Märchen.

ST. JUST Wir werden sie aber mit dem Märchen in Schlaf erzählen.[14] Die Anzeige habe ich in Händen, dazu die Keckheit der Angeklagten, das Murren des Volks, die Bestürzung der Geschwornen, ich werde einen Bericht machen.

BARRÈRE Ja, geh St. Just und spinne deine Perioden, worin jedes

Komma ein Säbelhieb und jeder Punkt ein abgeschlagner Kopf
ist.

ST. JUST Der Konvent muß dekretieren, das Tribunal solle ohne
Unterbrechung den Prozeß fortführen und dürfe jeden
Angeklagten, welcher die dem Gerichte schuldige Achtung
verletzte oder störende Auftritte veranlaßte von den Debatten
ausschließen.

BARRÈRE Du hast einen revolutionären Instinkt, das lautet ganz
gemäßigt und wird doch seine Wirkung tun. Sie[15] können nicht
schweigen, Danton muß schreien.

ST. JUST Ich zähle auf eure Unterstützung. Es gibt Leute im
Konvent, die ebenso krank sind wie Danton und welche die
nämliche Kur fürchten. Sie haben wieder Mut bekommen, sie
werden über Verletzung der Formen schreien,

BARRÈRE *ihn unterbrechend.* Ich werde ihnen sagen: zu Rom wurde
der Konsul,[16] welcher die Verschwörung des Katilina entdeckte
und die Verbrecher auf der Stelle mit dem Tod bestrafte, der
verletzten Förmlichkeit angeklagt. Wer waren seine Ankläger?

COLLOT *mit Pathos.* Geh St. Just. Die Lava der Revolution fließt.
Die Freiheit wird die Schwächlinge, welche ihren mächtigen
Schoß befruchten wollten, in ihren Umarmungen ersticken, die
Majestät des Volks wird ihnen wie Jupiter der Semele[17] unter
Donner und Blitz erscheinen und sie in Asche verwandeln. Geh
St. Just wir werden dir helfen den Donnerkeil auf die Häupter
der Feiglinge zu schleudern. *St. Just ab.*

BARRÈRE Hast du das Wort K u r gehört? Sie werden noch aus der
Guillotine ein Specifikum[18] gegen die Lustseuche machen. Sie
kämpfen nicht mit den Moderierten, sie kämpfen mit dem Laster.

BILLAUD Bis jetzt geht unser Weg zusammen.

BARRÈRE Robespierre will aus der Revolution einen Hörsaal für
Moral machen und die Guillotine als Katheder gebrauchen.

BILLAUD Oder als Betschemel.

COLLOT Auf dem er aber alsdann nicht stehen, sondern liegen[19]
soll.

BARRÈRE Das wird leicht gehen. Die Welt müßte auf dem Kopf
stehen, wenn die sogenannten Spitzbuben von den sogenannten
rechtlichen Leuten gehängt werden sollten.

COLLOT *zu Barrère.* Wann kommst du wieder nach Clichy?[20]

BARRÈRE Wenn der Arzt nicht mehr zu mir kommt.

COLLOT Nicht wahr, über dem Ort steht ein Haarstern,[21] unter dessen versengenden Strahlen dein Rückenmark[22] ganz ausgedörrt wird.

BILLAUD Nächstens werden die niedlichen Finger der reizenden Demahy[23] es ihm aus dem Futterale ziehen und es als Zöpfchen über den Rücken hinunterhängen machen.

BARRÈRE *zuckt die Achseln.* Pst! Davon darf der Tugendhafte nichts wissen.

BILLAUD Er ist ein impotenter Mahomet.[24] *Billaud und Collot ab.*

BARRÈRE *allein.* Die Ungeheuer! Es ist noch nicht lange genug, daß du den Tod wünschest! Diese Worte hätten die Zunge müssen verdorren machen, die sie gesprochen. Und ich?[25]

Als die Septembriseurs[26] in die Gefängnisse drangen, faßt ein Gefangner sein Messer, er drängt sich unter die Mörder, er stößt es in die Brust eines Priesters, er ist gerettet! Wer kann was dawider haben? Ob ich mich nun unter die Mörder dränge, oder mich in den Wohlfahrtsausschuß setze, ob ich ein Guillotinen- oder ein Taschenmesser nehme? Es ist der nämliche Fall, nur mit etwas verwickelteren Umständen, die Grundverhältnisse sind sich gleich.

Und durft' er einen morden, durfte er auch zwei, auch drei, auch noch mehr? wo hört das auf? Da kommen die Gerstenkörner, machen zwei einen Haufen, drei, vier, wieviel dann? Komm mein Gewissen, komm mein Hühnchen, komm bi, bi, bi, da ist Futter.

D o c h – war ich auch Gefangner? Verdächtig war ich, das läuft auf eins hinaus, der Tod war mir gewiß. *Ab.*

## III, 7 Die Conciergerie[1]

*Lacroix, Danton, Philippeau, Camille*

LACROIX Du hast gut geschrien, Danton, hättest du dich etwas früher so um dein Leben gequält, es wäre jetzt anders. Nicht wahr, wenn der Tod einem so unverschämt nahe kommt und so aus dem Hals stinkt und immer zudringlicher wird?

CAMILLE Wenn er einen noch notzüchtigte und seinen Raub unter Ringen und Kampf aus den heißen Gliedern riß! aber so in allen Formalitäten, wie bei der Hochzeit mit einem alten Weibe, wie die Pakten aufgesetzt, wie die Zeugen gerufen, wie das Amen gesagt und wie dann die Bettdecke gehoben wird und es langsam hereinkriecht mit seinen kalten Gliedern!

DANTON Wär' es ein Kampf, daß die Arme und Zähne einander packten! aber es ist mir, als wäre ich in ein Mühlwerk gefallen und die Glieder würden mir langsam systematisch von der kalten physischen Gewalt abgedreht. So mechanisch getötet zu werden!

CAMILLE Da liegen allein, kalt, steif in dem feuchten Dunst der Fäulnis; vielleicht, daß einem der Tod das Leben langsam aus den Fibern martert, mit Bewußtsein vielleicht sich wegzufaulen!

PHILIPPEAU Seid ruhig, meine Freunde. Wir sind wie die Herbstzeitlose, welche erst nach dem Winter Samen trägt. Von Blumen, die versetzt werden, unterscheiden wir uns nur dadurch, daß wir über dem Versuch ein wenig stinken. Ist das so arg?

DANTON Eine erbauliche Aussicht! Von einem Misthaufen auf den andern! Nicht wahr, die göttliche Klassentheorie?[2] Von prima nach sekunda, von sekunda nach tertia und so weiter? Ich habe die Schulbänke satt, ich habe mir Gesäßschwielen wie ein Affe darauf gesessen.

PHILIPPEAU Was willst du denn?

DANTON Ruhe.

PHILIPPEAU Die ist in Gott.

DANTON Im Nichts. Versenke dich in was Ruhigers, als das Nichts und wenn die höchste Ruhe Gott ist, ist nicht das Nichts Gott? Aber ich bin ein Atheist.[3] Der verfluchte Satz:[4] etwas kann nicht zu nichts werden! und ich bin etwas, das ist der Jammer!

Die Schöpfung hat sich so breit gemacht, da ist nichts leer, Alles voll Gewimmels.

Das Nichts hat sich ermordet, die Schöpfung ist seine Wunde, wir sind seine Blutstropfen, die Welt ist das Grab worin es fault.

Das lautet verrückt, es ist aber doch was Wahres daran.

CAMILLE Die Welt ist der ewige Jude,[5] das Nichts ist der Tod, aber er ist unmöglich.[6] Oh nicht sterben können, nicht sterben können, wie es im Lied heißt.[7]

81

DANTON Wir sind Alle lebendig begraben und wie Könige in drei-
oder vierfachen Särgen beigesetzt, unter dem Himmel, in
unsern Häusern, in unsern Röcken und Hemden.
Wir kratzen fünfzig Jahre lang am Sargdeckel. Ja wer an Ver-
nichtung glauben könnte! dem wäre geholfen.
Da ist keine Hoffnung im Tod, er ist nur eine einfachere, das
Leben eine verwickeltere, organisiertere Fäulnis, das ist der
ganze Unterschied!
Aber ich bin gerad' einmal an diese Art des Faulens[8] gewöhnt,
der Teufel weiß wie ich mit einer andern zurechtkomme.
O Julie! Wenn ich a l l e i n ginge! Wenn sie mich einsam ließe!
Und wenn ich ganz zerfiele, mich ganz auflöste – ich wäre eine
Handvoll gemarterten Staubes, jedes meiner Atome könnte nur
Ruhe finden bei ihr.
Ich kann nicht sterben, nein, ich kann nicht sterben. Wir müssen
schreien, sie müssen mir jeden Lebenstropfen aus den Gliedern
reißen.

## III, 8 Ein Zimmer

*Fouquier, Amar, Vouland*
FOUQUIER Ich weiß nicht mehr, was ich antworten soll, sie fordern
eine Kommission.[1]
AMAR Wir haben die Schurken, da hast du was du verlangst. *Er
überreicht Fouquier ein Papier.*[2]
VOULAND Das wird Sie zufriedenstellen.
FOUQUIER Wahrhaftig, das hatten wir nötig.
AMAR Nun mache, daß wir und sie die Sache vom Hals bekommen.

## III, 9 Das Revolutionstribunal[1]

DANTON Die Republik ist in Gefahr und er hat keine Instruktion!
Wir appellieren an das Volk, meine Stimme ist noch stark genug
um den Dezemvirn die Leichenrede zu halten. Ich wiederhole
es, wir verlangen eine Kommission, wir haben wichtige
Entdeckungen zu machen. Ich werde mich in die Zitadelle der
Vernunft zurückziehen, ich werde mit der Kanone der Wahrheit

hervorbrechen und meine Feinde zermalmen. *Zeichen des Beifalls.*

*Fouquier, Amer, Vouland treten ein*

FOUQUIER Ruhe im Namen der Republik, Achtung dem Gesetz. Der Konvent beschließt:

In Betracht daß in den Gefängnissen sich Spuren von Meutereien zeigen, in Betracht daß Dantons und Camilles Weiber Geld unter das Volk werfen und daß der General Dillon ausbrechen und sich an die Spitze der Empörer stellen soll um die Angeklagten zu befreien, in Betracht endlich, daß diese selbst unruhige Auftritte herbeizuführen sich bemüht und das Tribunal zu beleidigen versucht haben, wird das Tribunal ermächtigt die Untersuchung ohne Unterbrechung fortzusetzen und jeden Angeklagten, der die dem Gesetze schuldige Ehrfurcht außer Augen setzen sollte, von den Debatten auszuschließen.

DANTON Ich frage die Anwesenden, ob wir dem Tribunal, dem Volke oder dem Nationalkonvent Hohn gesprochen haben?

VIELE STIMMEN Nein! Nein!

CAMILLE Die Elenden, sie wollen meine Lucile morden!

DANTON Eines Tages wird man die Wahrheit erkennen. Ich sehe großes Unglück über Frankreich hereinbrechen. Das ist die Diktatur, sie hat ihren Schleier zerrissen, sie trägt die Stirne hoch, sie schreitet über unsere Leichen. *Auf Amar und Vouland deutend.* Seht da die feigen Mörder, seht da die Raben des Wohlfahrtsausschusses!

Ich klage Robespierre, St. Just und ihre Henker des Hochverrats an.

Sie wollen die Republik im Blut ersticken. Die Gleisen der Guillotinenkarren sind die Heerstraßen, auf welchen die Fremden in das Herz des Vaterlandes dringen sollen. Wie lange sollen die Fußstapfen der Freiheit Gräber sein? Ihr wollt Brot und sie werfen euch Köpfe hin. Ihr durstet und sie machen euch das Blut von den Stufen der Guillotine lecken. *Heftige Bewegung unter den Zuhörern, Geschrei des Beifalls.*

VIELE STIMMEN Es lebe Danton, nieder mit den Dezemvirn!

*Die Gefangenen werden mit Gewalt hinausgeführt.*

### III, 10 Platz vor dem Justizpalast

*Ein Volkshaufe*

EINIGE STIMMEN Nieder mit den Dezemvirn! es lebe Danton!

ERSTER BÜRGER Ja das ist wahr, Köpfe statt Brot, Blut statt Wein.

EINIGE WEIBER Die Guillotine ist eine schlechte Mühle und Samson
ein schlechter Bäckerknecht, wir wollen Brot, Brot!

ZWEITER BÜRGER Euer Brot, das hat Danton gefressen, sein Kopf
wird euch Allen wieder Brot geben, er hatte Recht.

ERSTER BÜRGER Danton war unter uns am 10. August, Danton war
unter uns im September. Wo waren die Leute, welche ihn
angeklagt haben?

ZWEITER BÜRGER Und Lafayette war mit euch in Versailles und war
doch ein Verräter.

ERSTER BÜRGER Wer sagt, daß Danton ein Verräter sei?

ZWEITER BÜRGER Robespierre.

ERSTER BÜRGER Und Robespierre ist ein Verräter.

ZWEITER BÜRGER Wer sagt das?

ERSTER BÜRGER Danton.

ZWEITER BÜRGER Danton hat schöne Kleider, Danton hat ein
schönes Haus, Danton hat eine schöne Frau, er badet sich in
Burgunder, ißt das Wildbret von silbernen Tellern und schläft
bei euren Weibern und Töchtern, wenn er betrunken ist.

Danton war arm, wie ihr. Woher hat er das Alles?

Das Veto[1] hat es ihm gekauft, damit er ihm die Krone rette.

Der Herzog von Orléans hat es ihm geschenkt, damit er ihm die
Krone stehle.

Der Fremde[2] hat es ihm gegeben, damit er euch Alle verrate.

Was hat Robespierre? der tugendhafte Robespierre. Ihr kennt
ihn Alle.

ALLE Es lebe Robespierre! Nieder mit Danton! Nieder mit dem
Verräter!

# Vierter Akt

## IV, 1

*Julie, ein Knabe.*

JULIE Es ist aus. Sie zitterten vor ihm. Sie töten ihn aus Furcht. Geh! ich habe ihn zum Letztenmal gesehen, sag' ihm ich könne ihn nicht s o sehen. *Sie gibt ihm eine Locke.* Da, bring ihm das und sag' ihm er würde nicht allein gehn. Er versteht mich schon und dann schnell zurück, ich will seine Blicke aus deinen Augen lesen.

## IV, 2 Eine Straße

*Dumas, ein Bürger*

BÜRGER Wie kann man nach einem solchen Verhör soviel Unglückliche zum Tod verurteilen?

DUMAS Das ist in der Tat außerordentlich, aber die Revolutions-männer haben einen Sinn, der andern Menschen fehlt, und dieser Sinn trügt sie nie.

BÜRGER Das ist der Sinn des Tigers. – Du hast ein Weib.

DUMAS Ich werde bald eins gehabt haben.[1]

BÜRGER So ist es denn wahr!

DUMAS Das Revolutionstribunal wird unsere Ehescheidung aussprechen, die Guillotine wird uns von Tisch und Bett trennen.

BÜRGER Du bist ein Ungeheuer!

DUMAS Schwachkopf! du bewunderst Brutus?[2]

BÜRGER Von ganzer Seele.

DUMAS Muß man denn gerade römischer Konsul sein und sein Haupt mit der Toga verhüllen können um sein Liebstes dem Vaterlande zu opfern? Ich werde mir die Augen mit dem

Ärmel meines roten Fracks abwischen, das ist der ganze Unterschied.

BÜRGER Das ist entsetzlich.

DUMAS Geh, du begreifst mich nicht. *Sie gehen ab.*

## IV, 3 Die Conciergerie[1]

*Lacroix, Hérault (auf einem Bett), Danton, Camille (auf einem andern)*

LACROIX Die Haare wachsen einem so und die Nägel man muß sich wirklich schämen.

HÉRAULT Nehmen Sie sich ein wenig in Acht, Sie niesen mir das ganze Gesicht voll Sand.

LACROIX Und treten Sie mir nicht so auf die Füße, Bester, ich habe Hühneraugen.

HÉRAULT Sie leiden noch an Ungeziefer.

LACROIX Ach, wenn ich nur einmal die Würmer ganz los wäre.

HÉRAULT Nun, schlafen Sie wohl, wir müssen sehen wie wir miteinander zurechtkommen, wir haben wenig Raum. Kratzen Sie mich nicht mit Ihren Nägeln im Schlaf. So! Zerren Sie nicht so am Leichtuch, es ist kalt da unten.

DANTON Ja Camille, morgen sind wir durchgelaufne Schuhe, die man der Bettlerin Erde in den Schoß wirft.

CAMILLE Das Rindsleder, woraus nach Platon[2] die Engel sich Pantoffeln geschnitten und damit auf der Erde herumtappen. Es geht aber auch danach.[3] Meine Lucile!

DANTON Sei ruhig, mein Junge.

CAMILLE Kann ich's? Glaubst du Danton? Kann ich's? Sie können die Hände nicht an sie legen. Das Licht der Schönheit, das von ihrem süßen Leib sich ausgießt, ist unlöschbar. Unmöglich! Sieh die Erde würde nicht wagen sie zu verschütten, sie würde sich um sie wölben, der Grabdunst würde wie Tau an ihren Wimpern funkeln, Kristalle würden wie Blumen um ihre Glieder sprießen und helle Quellen in Schlaf sie murmeln.

DANTON Schlafe, mein Junge, schlafe.

CAMILLE Höre Danton, unter uns gesagt, es ist so elend sterben müssen. Es hilft auch zu nichts. Ich will dem Leben noch die letzten Blicke aus seinen hübschen Augen stehlen, ich will die Augen offen haben.

DANTON Du wirst sie ohnehin offen behalten, Samson drückt einem die Augen nicht zu. Der Schlaf ist barmherziger. Schlafe, mein Junge, schlafe.

CAMILLE Lucile, deine Küsse phantasieren auf meinen Lippen, jeder Kuß wird ein Traum, meine Augen sinken und schließen ihn fest ein.

DANTON Will denn die Uhr nicht ruhen? Mit jedem Picken schiebt sie die Wände enger um mich, bis sie so eng sind wie ein Sarg. Ich las einmal als Kind so 'ne Geschichte, die Haare standen mir zu Berg.

Ja als Kind! Das war der Mühe wert mich so groß zu füttern und mich warm zu halten. Bloß Arbeit für den Totengräber!

Es ist mir, als röch' ich schon. Mein lieber Leib, ich will mir die Nase zuhalten und mir einbilden du seist ein Frauenzimmer, was vom Tanzen schwitzt und stinkt und dir Artigkeiten sagen. Wir haben uns sonst schon mehr miteinander die Zeit vertrieben.[4]

Morgen bist du eine zerbrochne Fiedel, die Melodie darauf ist ausgespielt. Morgen bist du eine leere Bouteille, der Wein ist ausgetrunken, aber ich habe keinen Rausch davon und gehe nüchtern zu Bett. Das sind glückliche Leute, die sich noch besaufen können. Morgen bist du eine durchgerutschte Hose, du wirst in die Garderobe geworfen und die Motten werden dich fressen, du magst stinken wie du willst.

Ach das hilft nichts. Ja wohl, 's ist so elend sterben müssen. Der Tod äfft die Geburt, beim Sterben sind wir so hülflos und nackt, wie neugeborne Kinder. Freilich, wir bekommen das Leichentuch zur Windel. Was wird es helfen? Wir können im Grab so gut wimmern, wie in der Wiege.

Camille! er schläft, *indem er sich über ihn bückt* ein Traum spielt zwischen seinen Wimpern. Ich will den goldnen Tau des Schlafes ihm nicht von den Augen streifen.

*Er erhebt sich und tritt ans Fenster*. Ich werde nicht allein gehn, ich danke dir Julie. Doch hätte ich anders sterben mögen, so ganz mühelos, so wie ein Stern fällt, wie ein Ton sich selbst aushaucht, sich mit den eignen Lippen totküßt, wie ein Lichtstrahl in klaren Fluten sich begräbt. – Wie schimmernde Tränen[5] sind die Sterne durch die Nacht gesprengt, es muß ein großer Jammer in dem Aug sein, von dem sie abträufelten.

CAMILLE Oh! *Er hat sich aufgerichtet und tastet nach der Decke.*

DANTON Was hast du Camille?

CAMILLE Oh, oh!

DANTON *schüttelt ihn.* Willst du die Decke herunterkratzen?

CAMILLE Ach du, du, o halt mich, sprich, du!

DANTON Du bebst an allen Gliedern, der Schweiß steht dir auf der Stirne.

CAMILLE Das bist du, das ich, so! Das ist meine Hand! ja jetzt besinn' ich mich. O Danton, das war entsetzlich.

DANTON Was denn?

CAMILLE Ich lag so zwischen Traum und Wachen. Da schwand die Decke und der Mond sank herein, ganz nahe, ganz dicht, mein Arm erfaßt' ihn. Die Himmelsdecke[6] mit ihren Lichtern hatte sich gesenkt, ich stieß daran, ich betastete die Sterne, ich taumelte wie ein Ertrinkender unter der Eisdecke. Das war entsetzlich Danton.

DANTON Die Lampe wirft einen runden Schein an die Decke, das sahst du.

CAMILLE Meinetwegen, es braucht grade nicht viel um einem das Bißchen Verstand verlieren zu machen. Der Wahnsinn faßte mich bei den Haaren, *er erhebt sich* ich mag nicht mehr schlafen, ich mag nicht verrückt werden. *Er greift nach einem Buch.*

DANTON Was nimmst du?

CAMILLE Die Nachtgedanken.[7]

DANTON Willst du zum Voraus sterben? Ich nehme die Pucelle.[8] Ich will mich aus dem Leben nicht wie aus dem Betstuhl, sondern wie aus dem Bett einer barmherzigen Schwester[9] wegschleichen. Es ist eine Hure, es treibt mit der ganzen Welt Unzucht.

## IV, 4 Platz vor der Conciergerie

*Ein Schließer, zwei Fuhrleute mit Karren, Weiber*

SCHLIESSER Wer hat euch herfahren geheißen?

ERSTER FUHRMANN Ich heiße nicht Herfahren, das ist ein kurioser Namen.

SCHLIESSER Dummkopf, wer hat dir die Bestallung dazu gegeben?

ERSTER FUHRMANN Ich habe keine Stallung dazu kriegt, nichts als zehn sous für den Kopf.[1]

ZWEITER FUHRMANN Der Schuft will mich um's Brot bringen.

ERSTER FUHRMANN Was nennst du dein Brot? *Auf die Fenster der Gefangnen deutend.* Das ist Wurmfraß.

ZWEITER FUHRMANN Meine Kinder sind auch Würmer und die wollen auch ihr Teil davon. Oh, es geht schlecht mit unsrem métier und doch sind wir dir besten Fuhrleute.

ERSTER FUHRMANN Wie das?

ZWEITER FUHRMANN Wer ist der beste Fuhrmann?

ERSTER FUHRMANN Der am Weitesten und am Schnellsten fährt.

ZWEITER FUHRMANN Nun Esel, wer fährt weiter, als der aus der Welt fährt und wer fährt schneller, als der's in einer Viertelstunde tut? Genau gemessen ist's eine Viertelstund von da bis zum Revolutionsplatz.

SCHLIESSER Rasch, ihr Schlingel! Näher an's Tor, Platz da ihr Mädel.

ERSTER FUHRMANN Halt euren Platz vor! um ein Mädel fährt man nit herum, immer in die Mitt 'nein.

ZWEITER FUHRMANN Ja das glaub ich, du kannst mit Karren und Gäulen hinein, du findst gute Gleise, aber du mußt Quarantän halten, wenn du herauskommst. *Sie fahren vor.*

ZWEITER FUHRMANN *zu den Weibern.* Was gafft ihr?

EIN WEIB Wir warten auf alte Kunden.

ZWEITER FUHRMANN Meint ihr, mein Karren wär' ein Bordell? Er ist ein anständiger Karren, er hat den König und alle vornehmen Herren aus Paris zur Tafel gefahren.

LUCILE *tritt auf. Sie setzt sich auf einen Stein unter die Fenster der Gefangnen.* Camille, Camille! *Camille erscheint am Fenster.* Höre Camille, du machst mich lachen mit dem langen Steinrock und der eisernen Maske vor dem Gesicht, kannst du dich nicht bücken? Wo sind deine Arme? Ich will dich locken, lieber Vogel.

*Singt.* Es stehn zwei Sternlein an dem Himmel,[2]
Scheinen heller als der Mond,
Der ein' scheint vor Feinsliebchens Fenster,
Der andre vor die Kammertür.

Komm, komm, mein Freund! Leise die Treppe herauf, sie schlafen Alle. Der Mond hilft mir schon lange warten. Aber du kannst ja nicht zum Tor herein, das ist eine unleidliche Tracht. Das ist zu arg für den Spaß, mach ein Ende. Du rührst dich auch gar nicht, warum sprichst du nicht? Du machst mir Angst. Höre! die Leute sagen du müßtest sterben, und machen dazu so ernsthafte Gesichter.

Sterben! ich muß lachen über die Gesichter. Sterben! Was ist das für ein Wort? Sag mir's Camille. Sterben! Ich will nachdenken. Da, da ist's. Ich will ihm nachlaufen, komm, süßer Freund, hilf mir fangen, komm! komm! *Sie läuft weg.*

CAMILLE *ruft.* Lucile! Lucile!


## IV, 5 Die Conciergerie

*Danton an einem Fenster, was in das nächste Zimmer geht.*
*Camille, Philippeau, Lacroix, Hérault*

DANTON Du bist jetzt ruhig, Fabre.

EINE STIMME *von innen.* Am Sterben.

DANTON Weißt du auch, was wir jetzt machen werden?

DIE STIMME Nun?

DANTON Was du dein ganzes Leben hindurch gemacht hast – des vers.[1]

CAMILLE *für sich.* Der Wahnsinn saß hinter ihren Augen. Es sind schon mehr Leute wahnsinnig geworden, das ist der Lauf der Welt. Was können wir dazu? Wir waschen unsere Hände.[2] Es ist auch besser so.

DANTON Ich lasse Alles in einer schrecklichen Verwirrung. Keiner versteht das Regieren. Es könnte vielleicht noch gehn, wenn ich Robespierre meine Huren und Couthon meine Waden hinterließe.[3]

LACROIX Wir hätten die Freiheit zur Hure gemacht!

90

DANTON Was wäre es auch![4] Die Freiheit und eine Hure sind die kosmopolitischsten Dinge unter der Sonne. Sie wird sich jetzt anständig im Ehebett des Advokaten von Arras prostituieren. Aber ich denke sie wird die Klytämnestra[5] gegen ihn spielen, ich lasse ihm keine sechs Monate Frist, ich ziehe ihn mit mir.

CAMILLE *für sich.* Der Himmel verhelf' ihr zu einer behaglichen fixen Idee. Die allgemeinen fixen Ideen, welche man die gesunde Vernunft tauft, sind unerträglich langweilig. Der glücklichste Mensch war der, welcher sich einbilden konnte, daß er Gott Vater, Sohn und heiliger Geist sei.

LACROIX Die Esel werden schreien es lebe die Republik, wenn wir vorbeigehen.

DANTON Was liegt daran? Die Sündflut der Revolution mag unsere Leichen absetzen wo sie will, mit unsern fossilen Knochen wird man noch immer allen Königen die Schädel einschlagen können.

HÉRAULT Ja, wenn sich gerade ein Simson[6] für unsere Kinnbacken findet.

DANTON Sie sind Kainsbrüder.[7]

LACROIX Nichts beweist mehr, daß Robespierre ein Nero[8] ist, als der Umstand, daß er gegen Camille nie freundlicher war, als zwei Tage vor dessen Verhaftung. Ist es nicht so Camille?

CAMILLE Meinetwegen, was geht das mich an?

Was sie aus dem Wahnsinn ein reizendes Ding gemacht hat. Warum muß ich jetzt fort? Wir hätten zusammen mit ihm gelacht, es gewiegt und geküßt.

DANTON Wenn einmal die Geschichte ihre Grüfte öffnet kann der Despotismus noch immer an dem Duft unsrer Leichen ersticken.

HÉRAULT Wir stanken bei Lebzeiten schon hinlänglich.

Das sind Phrasen für die Nachwelt, nicht wahr Danton, uns gehn sie eigentlich nichts an.

CAMILLE Er zieht ein Gesicht, als solle es versteinern und von der Nachwelt als Antike ausgegraben werden.

Das verlohnt sich auch der Mühe Mäulchen zu machen und Rot aufzulegen und mit einem guten Akzent zu sprechen; wir sollten einmal die Masken abnehmen, wir sähen dann wie in einem Zimmer mit Spiegeln überall nur den einen uralten, zahllosen, unverwüstlichen Schafskopf, nichts mehr, nichts weniger. Die

91

Unterschiede sind so groß nicht, wir Alle sind Schurken und Engel, Dummköpfe und Genies und zwar das Alles in Einem, die vier Dinge finden Platz genug in dem nämlichen Körper, sie sind nicht so breit, als man sich einbildet. Schlafen, Verdaun, Kinder machen das treiben Alle, die übrigen Dinge sind nur Variationen aus verschiedenen Tonarten über das nämliche Thema. Da braucht man sich auf die Zehen zu stellen und Gesichter zu schneiden, da braucht man sich voreinander zu genieren. Wir haben uns Alle am nämlichen Tische krank gegessen und haben Leibgrimmen, was haltet ihr euch die Servietten vor das Gesicht, schreit nur und greint wie es euch ankommt. Schneidet nur keine so tugendhafte und so witzige und so heroische und so geniale Grimassen, wir kennen uns ja einander, spart euch die Mühe.

HÉRAULT Ja Camille, wir wollen uns beieinandersetzen und schreien, nichts dummer als die Lippen zusammenzupressen, wenn einem was weh tut.

Griechen und Götter schrieen, Römer und Stoiker machten die heroische Fratze.

DANTON Die Einen waren so gut Epikureer wie die Andern. Sie machten sich ein ganz behagliches Selbstgefühl zurecht. Es ist nicht so übel seine Toga zu drapieren und sich umzusehen ob man einen langen Schatten wirft. Was sollen wir uns zerren?[9] Ob wir[10] uns nun Lorbeerblätter, Rosenkränze oder Weinlaub vor die Scham binden, oder das häßliche Ding offen tragen und es uns von den Hunden lecken lassen?

PHILIPPEAU Meine Freunde man braucht gerade nicht hoch über der Erde zu stehen um von all dem wirren Schwanken und Flimmern nichts mehr zu sehen und die Augen von einigen großen, göttlichen Linien erfüllt zu haben. Es gibt ein Ohr für welches das Ineinanderschreien und der Zeter, die uns betäuben, ein Strom von Harmonien sind.

DANTON Aber wir sind[11] die armen Musikanten und unsere Körper die Instrumente. Sind die häßlichen Töne, welche auf ihnen herausgepfuscht werden nur da um höher und höher dringend und endlich leise verhallend wie ein wollüstiger Hauch in himmlischen Ohren zu sterben?

HÉRAULT Sind wir wie Ferkel, die man für fürstliche Tafeln mit Ruten totpeitscht, damit ihr Fleisch schmackhafter werde?

DANTON Sind wir Kinder, die in den glühenden Molochsarmen[12] dieser Welt gebraten und mit Lichtstrahlen gekitzelt werden, damit die Götter sich über ihr Lachen freuen?

CAMILLE Ist denn der Äther mit seinen Goldaugen eine Schüssel mit Goldkarpfen,[13] die am Tisch der seligen Götter steht und die seligen Götter lachen ewig und die Fische sterben ewig und die Götter erfreuen sich ewig am Farbenspiel des Todeskampfes?

DANTON Die Welt ist das Chaos. Das Nichts ist der zu gebärende Weltgott.[14]

*Der Schließer tritt ein*

SCHLIESSER Meine Herren, Sie können abfahren, die Wagen halten vor der Tür.

PHILIPPEAU Gute Nacht meine Freunde, ziehen wir ruhig die große Decke über uns, worunter alle Herzen ausglühen und alle Augen zufallen. *Sie umarmen einander.*

HÉRAULT *nimmt Camilles Arm.* Freue dich Camille, wir bekommen eine schöne Nacht. Die Wolken hängen am stillen Abendhimmel wie ein ausglühender Olymp mit verbleichenden, versinkenden Göttergestalten. *Sie gehen ab.*


## IV, 6 Ein Zimmer

JULIE Das Volk lief in den Gassen, jetzt ist Alles still. Keinen Augenblick möchte ich ihn warten lassen. *Sie zieht eine Phiole hervor.* Komm liebster Priester, dessen Amen uns zu Bette gehn macht.

*Sie tritt ans Fenster.* Es ist so hübsch Abschied zu nehmen, ich habe die Türe nur noch hinter mir zuzuziehen. *Sie trinkt.*

Man möchte immer so stehn.

Die Sonne ist hinunter. Der Erde Züge waren so scharf in ihrem Licht, doch jetzt ist ihr Gesicht so still und ernst wie einer Sterbenden. Wie schön das Abendlicht ihr um Stirn und Wangen spielt.

Stets bleicher und bleicher wird sie, wie eine Leiche treibt sie abwärts in der Flut des Äthers; will denn kein Arm sie bei den goldnen Locken fassen und aus dem Strom sie ziehen und sie begraben?

Ich gehe leise. Ich küsse sie nicht, daß kein Hauch, kein Seufzer sie aus dem Schlummer wecke.

Schlafe, schlafe. *Sie stirbt.*

## IV, 7 Der Revolutionsplatz

*Die Wagen kommen angefahren und halten vor der Guillotine. Männer und Weiber singen und tanzen die Carmagnole.*[1] *Die Gefangnen stimmen die Marseillaise an*

EIN WEIB MIT KINDERN Platz! Platz! Die Kinder schreien, sie haben Hunger. Ich muß sie zusehen machen, daß sie still sind. Platz!

EIN WEIB He Danton, du kannst jetzt mit den Würmern Unzucht treiben.

EINE ANDERE Hérault, aus deinen hübschen Haaren laß' ich mir eine Perücke machen.[2]

HÉRAULT Ich habe nicht Waldung genug für einen so abgeholzten Venusberg.

CAMILLE Verfluchte Hexen! Ihr werdet noch schreien, ihr Berge fallet auf uns![3]

EIN WEIB Der Berg[4] ist auf euch oder ihr seid ihn vielmehr hinuntergefallen.

DANTON *zu Camille.* Ruhig, mein Junge, du hast dich heiser geschrieen.

CAMILLE *gibt dem Fuhrmann Geld.* Da alter Charon,[5] dein Karren ist ein guter Präsentierteller.

Meine Herren, ich will mich zuerst servieren. Das ist ein klassisches Gastmahl, wir liegen auf unsern Plätzen und verschütten etwas Blut als Libation. Adieu Danton. *Er besteigt das Blutgerüst. Die Gefangnen folgen ihm einer nach dem andern. Danton steigt zuletzt hinauf.*

LACROIX *zu dem Volk.* Ihr tötet uns an dem Tage, wo ihr den Verstand verloren habt; ihr werdet sie an dem töten, wo ihr ihn wiederbekommt.[6]

EINIGE STIMMEN Das war schon einmal da, wie langweilig!

LACROIX Die Tyrannen werden über unsern Gräbern den Hals
brechen.

HÉRAULT *zu Danton.* Er hält seine Leiche für ein Mistbeet der
Freiheit.

PHILIPPEAU *auf dem Schafott.* Ich vergebe euch, ich wünsche eure
Todesstunde sei nicht bittrer als die meinige.

HÉRAULT Dacht' ich's doch, er muß sich noch einmal in den Busen
greifen und den Leuten da unten zeigen, daß er reine Wäsche hat.

FABRE Lebewohl Danton. Ich sterbe doppelt.[7]

DANTON Adieu mein Freund. Die Guillotine ist der beste Arzt.

HÉRAULT *will Danton umarmen.* Ach Danton, ich bringe nicht
einmal einen Spaß mehr heraus. Da ist's Zeit. *Ein Henker stößt
ihn zurück.*

DANTON *zum Henker.* Willst du grausamer sein[8] als der Tod?
Kannst du verhindern, daß unsere Köpfe sich auf dem Boden
des Korbes küssen?


## IV, 8 Eine Straße

LUCILE Es ist doch was wie Ernst darin. Ich will einmal
nachdenken. Ich fange an so was zu begreifen. Sterben –
Sterben –

Es darf ja Alles leben, Alles, die kleine Mücke da, der Vogel.
Warum denn er nicht? Der Strom des Lebens müßte stocken,
wenn nur der eine Tropfen verschüttet würde. Die Erde müßte
eine Wunde bekommen von dem Streich.

Es regt sich Alles, die Uhren gehen, die Glocken schlagen, die
Leute laufen, das Wasser rinnt und so so Alles weiter bis da,
dahin – nein! es darf nicht geschehen, nein – ich will mich auf
den Boden setzen und schreien, daß erschrocken Alles stehn
bleibt, Alles stockt, sich nichts mehr regt. *Sie setzt sich nieder,
verhüllt sich die Augen und stößt einen Schrei aus. Nach einer
Pause erhebt sie sich.*

Das hilft nichts, da ist noch Alles wie sonst, die Häuser, die
Gasse, der Wind geht, die Wolken ziehen. – Wir müssen's wohl
leiden.

*Einige Weiber kommen die Gasse herunter*

ERSTES WEIB  Ein hübscher Mann, der Hérault.

ZWEITES WEIB  Wie er beim Konstitutionsfest[1] so am Triumphbogen stand da dacht' ich so, der muß sich gut auf der Guillotine ausnehmen, dacht' ich. Das war so ne Ahnung.

DRITTES WEIB  Ja man muß die Leute in allen Verhältnissen sehen, es ist recht gut, daß das Sterben so öffentlich wird. *Sie gehen vorbei.*

LUCILE  Mein Camille! Wo soll ich dich jetzt suchen?

## IV, 9 Der Revolutionsplatz

*Zwei Henker an der Guillotine beschäftigt*

ERSTER HENKER  *steht auf der Guillotine und singt.*

Und wann ich hame geh[1]
Scheint der Mond so scheh ...[2]

ZWEITER HENKER  He! Holla! Bist bald fertig?

ERSTER HENKER  Gleich, gleich!

*Singt.*  Scheint in meines Ellervaters[3] Fenster
Kerl wo bleibst so lang bei de Menscher?[4]

So! die Jacke her! *Sie gehn singend ab.*

Und wann ich hame geh
Scheint der Mond so scheh.

LUCILE *tritt auf und setzt sich auf die Stufen der Guillotine.* Ich setze mich auf deinen Schoß, du stiller Todesengel.

*Sie singt.*  Es ist ein Schnitter,[5] der heißt Tod,
Hat Gewalt vom höchsten Gott.

Du liebe Wiege, die du meinen Camille in Schlaf gelullt, ihn unter deinen Rosen erstickt hast.

Du Totenglocke, die du ihn mit deiner süßen Zunge zu Grabe sangst.

*Sie singt.*  Viel hunderttausend ungezählt,[6]
Was nur unter die Sichel fällt.

*Eine Patrouille tritt auf.*

EIN BÜRGER  He wer da?

LUCILE  Es lebe der König![7]

BÜRGER  Im Namen der Republik. *Sie wird von der Wache umringt und weggeführt.*

# Woyzeck
## Dramenfragment
### Lese- und Bühnenfassung

# Personen[*]

Franz Woyzeck
Marie
Christian, *ihr Kind*
Hauptmann
Doktor
Tambourmajor
Unteroffizier
Andres
Margret
Marktschreier, Ausrufer einer Bude
Alter Mann
Tanzendes Kind
Der Jude
Wirt
Erster Handwerksbursch
Zweiter Handwerksbursch
Narr Karl
Käthe
Großmutter
Erstes Kind
Zweites Kind
Erste Person
Zweite Person
Gerichtsdiener
Barbier
Arzt
Richter
Polizeidiener
Soldaten, Handwerksburschen, Leute, Mädchen und Kinder

[*] List compiled by the editor

**Freies Feld. Die Stadt in der Ferne**

*Woyzeck[1] und Andres schneiden Stöcke[2] im Gebüsch*

WOYZECK  Ja Andres; den Streif da über das Gras hin, da rollt
Abends der Kopf, es hob ihn einmal einer auf, er meint es wär'
ein Igel. Drei Tag und drei Nächt und er lag auf den
Hobelspänen,[3] *leise* Andres, das waren die Freimaurer,[4] ich
hab's, die Freimaurer, still!

ANDRES *singt.*     Saßen dort zwei Hasen[5]
                    Fraßen ab das grüne, grüne Gras

WOYZECK  Still! Es geht was!

ANDRES              Fraßen ab das grüne, grüne Gras
                    Bis auf den Rasen.

WOYZECK  Es geht hinter mir, unter mir *stampft auf den Boden* hohl,
hörst du? Alles hohl da unten. Die Freimaurer![6]

ANDRES  Ich fürcht mich.

WOYZECK  's ist so kurios still. Man möcht' den Atem halten.
Andres!

ANDRES  Was?

WOYZECK  Red was! *Starrt in die Gegend.* Andres! Wie hell! Ein
Feuer fährt um den Himmel[7] und ein Getös herunter wie
Posaunen.[8] Wie's heraufzieht! Fort. Sieh nicht hinter dich. *Reißt
ihn in's Gebüsch.*

ANDRES  *nach einer Pause.* Woyzeck! hörst du's noch?

WOYZECK  Still, Alles still, als wär die Welt tot.

ANDRES  Hörst du? Sie trommeln drin. Wir müssen fort.


**Marie (mit ihrem Kind am Fenster). Margret**

*Der Zapfenstreich geht vorbei, der Tambourmajor voran*

MARIE  *das Kind wippend auf dem Arm.* He Bub! Sa ra ra ra! Hörst?
Da kommen sie.

MARGRET Was ein Mann, wie ein Baum.

MARIE Er steht auf seinen Füßen wie ein Löw. *Tambourmajor grüßt.*

MARGRET Ei, was freundliche Auge, Frau Nachbarin, so was is man an Ihr nit gewöhnt.

MARIE *singt.* Soldaten das sind schöne Bursch ...

MARGRET Ihre Auge glänze ja noch.

MARIE Und wenn! Trag Sie Ihr Auge zum Jud and laß Sie sie putze, vielleicht glänze sie noch, daß man sie für zwei Knöpf verkaufe könnt.

MARGRET Was Sie? Sie? Frau Jungfer, ich bin eine honette Person, aber Sie, Sie guckt siebe Paar lederne Hose durch.

MARIE Luder! *Schlägt das Fenster zu.* Komm mein Bub. Was die Leut wollen.[9] Bist doch nur en arm Hurenkind und machst deiner Mutter Freud mit deim unehrliche Gesicht. Sa! Sa!

*Singt.*    Mädel, was fangst du jetzt an[10]
Hast ein klein Kind und kein Mann.
Ei was frag ich danach
Sing ich die ganze Nacht
Heio popeio mein Bu. Juchhe!
Gibt mir kein Mensch nix dazu.


Hansel spann deine sechs Schimmel an[11]
Gib ihn zu fresse auf's neu.
Kein Haber fresse sie
Kein Wasser saufe sie
Lauter kühle Wein muß es sein. Juchhe.
Lauter kühle Wein muß es sein.


*Es klopft am Fenster.*


MARIE Wer da? Bist du's Franz? Komm herein!

WOYZECK Kann nit. Muß zum Verles.[12]

MARIE Was hast du Franz?

WOYZECK *geheimnisvoll.* Marie, es war wieder was, viel, steht nicht geschrieben, und sieh da ging ein Rauch vom Land, wie der Rauch vom Ofen?[13]


100

MARIE Mann!

WOYZECK Es ist hinter mir gegangen[14] bis vor die Stadt. Was soll das werden?

MARIE Franz!

WOYZECK Ich muß fort. *Er geht.*

MARIE Der Mann! So vergeistert.[15] Er hat sein Kind nicht angesehn. Er schnappt noch über mit den Gedanken. Was bist so still, Bub? Furchst' dich?[16] Es wird so dunkel, man meint, man wär blind. Sonst scheint als[17] die Latern herein. Ich halt's nicht aus. Es schauert mich. *Geht ab.*


## Buden. Lichter. Volk

ALTER MANN. KIND *das tanzt.*

   Auf der Welt ist kein Bestand.

   Wir müssen alle sterben, Das ist uns wohlbekannt!

WOYZECK He! Hopsa! Armer Mann, alter Mann! Armes Kind! Junges Kind! ++++ und ++st! Hei Marie, soll ich dich tragen? Ein Mensch muß nach d. +++ vo+++st++den, damit er essen kann. ++++ Welt! Schöne Welt![18]

AUSRUFER *an einer Bude.* Meine Herren, meine Damen, hier sind zu sehn das astronomische Pferd und die kleine Kanaille-vögele,[19] sind Liebling von allen Potentaten Europas und Mitglied von allen gelehrten Sozietäten; weissagen den Leuten Alles, wie alt, wie viel Kinder, was für Krankheiten, schießt Pistol los, stellt sich auf ein Bein. Alles Erziehung, haben nur eine viehische Vernunft, oder vielmehr eine ganze vernünftige Viehigkeit, ist kein viehdummes Individuum wie viele Personen, das verehrliche Publikum abgerechnet. Es wird sein die räprä-sentation, das commencement vom commencement wird sogleich nehm sein Anfang.

Meine Herren! Meine Herren! Sehn Sie die Kreatur, wie sie Gott gemacht, nix, gar nix. Sehen Sie jetzt die Kunst, geht aufrecht, hat Rock und Hosen, hat einen Säbel! Ho! Mach Kompliment! So bist brav. Gib Kuß! *Er trompetet.* Michel ist musikalisch.

Sehn Sie die Fortschritte der Zivilisation. Alles schreitet fort, ein Pferd, ein Aff', ein Kanaillevogel. Der Aff' ist schon ein Soldat, 's ist noch nit viel, unterst Stuf von menschliche Geschlecht!

Die räpräsentation anfangen! Man mackt Anfang von Anfang. Es wird sogleich sein das commencement von commencement.

WOYZECK Willst du?

MARIE Meinetwegen. Das muß schön Dings sein. Was der Mensch Quasten hat und die Frau hat Hosen.

*Unteroffizier. Tambourmajor*

UNTEROFFIZIER Halt, jetzt. Siehst du sie! Was ein Weibsbild!

TAMBOURMAJOR Teufel, zum Fortpflanzen von Kürassierregimentern und zur Zucht von Tambourmajors.

UNTEROFFIZIER Wie sie den Kopf trägt, man meint, das schwarze Haar müsse ihn abwärts ziehen, wie ein Gewicht, und Augen, schwarz …

TAMBOURMAJOR Als ob man in einen Ziehbrunnen oder zu einem Schornstein hinunterguckt.

Fort, hinterdrein!

MARIE Was Lichter!

WOYZECK Ja die Bou++, eine große schwarze Katze mit feurigen Augen. Hei, was ein Abend!


**Das Innere der Bude**

MARKTSCHREIER Zeig' dein Talent! Zeig deine viehische Vernünftigkeit! Beschäme die menschliche Sozietät! Meine Herren, dies Tier, wie Sie da sehn, Schwanz am Leib, auf seinen vier Hufen, ist Mitglied von allen gelehrten Sozietäten, ist Professor an mehreren Universitäten wo die Studenten bei ihm reiten und schlagen lernen. Das war einfacher Verstand! Denk jetzt mit der doppelten Raison.[20] Was machst du wann du mit der doppelten Raison denkst? Ist unter der gelehrten Société da ein Esel? *Der Gaul schüttelt den Kopf.* Sehn Sie jetzt die doppelte Raison! Das ist Viehsionomik. Ja das ist kein viehdummes Individuum, das ist eine Person! Ein Mensch, ein tierischer Mensch und doch ein

Vieh, eine bête. *Das Pferd führt sich ungebührlich auf.* So beschäme die Société. Sehn Sie, das Vieh ist noch Natur, unverdorbene Natur! Lernen Sie bei ihm. Fragen Sie den Arzt es ist höchst schädlich! Das hat geheißen, Mensch sei natürlich, du bist geschaffen Staub, Sand, Dreck. Willst du mehr sein als Staub, Sand, Dreck? Sehn Sie, was Vernunft, es kann rechnen und kann doch nit an den Fingern herzählen, warum? Kann sich nur nit ausdrücken, nur nit explizieren, ist ein verwandelter Mensch! Sag den Herrn, wieviel Uhr es ist. Wer von den Herrn und Damen hat eine Uhr, eine Uhr?

TAMBOURMAJOR Eine Uhr! *Zieht großartig und gemessen die Uhr aus der Tasche.* Da mein Herr.

MARIE Das muß ich sehn. *Sie klettert auf den 1. Platz. Tambourmajor hilft ihr.*


**Marie sitzt, ihr Kind auf dem Schoß, ein Stückchen Spiegel in der Hand**

MARIE *bespiegelt sich.* Was die Steine glänzen! Was sind's für?[21] Was hat er gesagt? – Schlaf Bub! Drück die Auge zu, fest, *das Kind versteckt die Augen hinter den Händen* noch fester, bleib so, still oder er holt dich.

*Singt.*            Mädel mach's Ladel zu,[22]
                   S'kommt e Zigeunerbu,
                   Führt dich an deiner Hand
                   Fort in's Zigeunerland.

*Spiegelt sich wieder.* 's ist gewiß Gold! Unsereins hat nur ein Eckchen in der Welt und ein Stückchen Spiegel, und doch hab' ich einen so roten Mund als die großen Madamen mit ihren Spiegeln von oben bis unten und ihren schönen Herrn, die ihnen die Händ' küssen; ich bin nur ein arm Weibsbild. – *Das Kind richtet sich auf.* Still Bub, die Auge zu, das Schlafengelchen! wie's an der Wand läuft, *sie blinkt mit dem Glas*[23] die Auge zu, oder es sieht dir hinein, daß du blind wirst.


*Woyzeck tritt herein, hinter sie*
*Sie fährt auf mit den Händen nach den Ohren*

WOYZECK  Was hast du?

MARIE  Nix.

WOYZECK  Unter deinen Fingern glänzt's ja.

MARIE  Ein Ohrringlein; hab's gefunden.

WOYZECK  Ich hab' so noch nix gefunden. Zwei auf einmal.

MARIE  Bin ich ein Mensch?[24]

WOYZECK  's ist gut, Marie. – Was der Bub schläft.[25] Greif' ihm
unter's Ärmchen, der Stuhl drückt ihn. Die hellen Tropfen
steh'n ihm auf der Stirn; Alles Arbeit unter der Sonn, sogar
Schweiß im Schlaf. Wir arme Leut! Das is wieder Geld Marie,
die Löhnung und was von mein'm Hauptmann.

MARIE  Gott vergelt's Franz.

WOYZECK  Ich muß fort. Heut Abend, Marie. Adies.

MARIE  *allein, nach einer Pause.* Ich bin doch ein schlecht Mensch.
Ich könnt' mich erstechen. – Ach! Was Welt? Geht doch Alles
zum Teufel, Mann und Weib.


**Der Hauptmann. Woyzeck**

*Hauptmann auf einem Stuhl. Woyzeck rasiert ihn*

HAUPTMANN  Langsam, Woyzeck, langsam; ein's nach dem andern;
Er[26] macht mir[27] ganz schwindlich. Was soll ich dann mit den
zehn Minuten anfangen, die Er heut zu früh fertig wird?
Woyzeck, bedenk' Er, Er hat noch seine schöne dreißig Jahr zu
leben, dreißig Jahr! macht 360 Monate, und Tage, Stunden,
Minuten! Was will Er denn mit der ungeheuren Zeit all
anfangen? Teil Er sich ein, Woyzeck.

WOYZECK  Ja wohl, Herr Hauptmann.

HAUPTMANN  Es wird mir ganz angst um die Welt, wenn ich an die
Ewigkeit denke. Beschäftigung, Woyzeck, Beschäftigung! Ewig
das ist ewig, das ist ewig, das siehst du ein; nun ist es aber
wieder nicht ewig und das ist ein Augenblick, ja, ein Augenblick. – Woyzeck, es schaudert mich, wenn ich denk, daß sich
die Welt in einem Tag herumdreht, was eine Zeitver-
schwendung, wo soll das hinaus? Woyzeck, ich kann kein
Mühlrad mehr sehn, oder ich werd' melancholisch.

WOYZECK  Ja wohl, Herr Hauptmann.

HAUPTMANN  Woyzeck, Er sieht immer so verhetzt[28] aus. Ein guter Mensch tut das nicht, ein guter Mensch, der sein gutes Gewissen hat. – Red' Er doch was Woyzeck. Was ist heut für Wetter?

WOYZECK  Schlimm, Herr Hauptmann, schlimm; Wind.

HAUPTMANN  Ich spür's schon, 's ist so was Geschwindes draußen; so ein Wind macht mir den Effekt wie eine Maus. *Pfiffig*. Ich glaub' wir haben so was aus Süd-Nord.

WOYZECK  Ja wohl. Herr Hauptmann.

HAUPTMANN  Ha! ha! ha! Süd-Nord! Ha! Ha! Ha! O Er ist dumm, ganz abscheulich dumm. *Gerührt*. Woyzeck, Er ist ein guter Mensch,[29] ein guter Mensch – aber *mit Würde* Woyzeck, Er hat keine Moral! Moral das ist wenn man moralisch ist, versteht Er. Es ist ein gutes Wort. Er hat ein Kind, ohne den Segen der Kirche, wie unser hochehrwürdiger Herr Garnisonsprediger sagt, ohne den Segen der Kirche, es ist nicht von mir.[30]

WOYZECK  Herr Hauptmann, der liebe Gott wird den armen Wurm nicht drum ansehn, ob das Amen drüber gesagt ist, eh' er gemacht wurde. Der Herr sprach: Lasset die Kindlein[31] zu mir kommen.

HAUPTMANN  Was sagt Er da! Was ist das für 'ne kuriose Antwort? Er macht mich ganz konfus mit seiner Antwort. Wenn ich sag: E r, so mein ich Ihn, Ihn.

WOYZECK  Wir arme Leut. Sehn Sie, Herr Hauptmann, Geld, Geld. Wer kein Geld hat. Da setz einmal einer mein'sgleichen auf die Moral in der Welt.[32] Man hat auch sein Fleisch und Blut. Unsereins ist doch einmal unselig in der und der andern Welt, ich glaub' wenn wir in Himmel kämen, so müßten wir donnern helfen.[33]

HAUPTMANN  Woyzeck Er hat keine Tugend, Er ist kein tugendhafter Mensch. Fleisch und Blut? Wenn ich am Fenster lieg, wenn es geregnet hat, und den weißen Strümpfen so nachsehe, wie sie über die Gassen springen, – verdammt Woyzeck, – da kommt mir die Liebe. Ich hab auch Fleisch und Blut. Aber Woyzeck, die Tugend, die Tugend! Wie sollte ich dann die Zeit herumbringen?[34] Ich sag' mir immer du bist ein tugendhafter Mensch, *gerührt* ein guter Mensch, ein guter Mensch.

WOYZECK Ja Herr Hauptmann, die Tugend! ich hab's noch nicht so aus.[35] Sehn Sie, wir gemeinen Leut, das hat keine Tugend, es kommt einem nur so die Natur, aber wenn ich ein Herr wär und hätt einen Hut und eine Uhr und eine Anglaise[36] und könnt vornehm reden, ich wollt schon tugendhaft sein. Es muß was Schöns sein um die Tugend, Herr Hauptmann. Aber ich bin ein armer Kerl.

HAUPTMANN Gut Woyzeck. Du[37] bist ein guter Mensch, ein guter Mensch. Aber du denkst zuviel, das zehrt,[38] du siehst immer so verhetzt aus. Der Diskurs hat mich ganz angegriffen. Geh' jetzt und renn nicht so; langsam hübsch langsam die Straße hinunter.

## Straße oder Gasse[39]

*Marie, Tambourmajor*

TAMBOURMAJOR Marie!

MARIE *ihn ansehend, mit Ausdruck.* Geh' einmal vor dich hin.[40] – Über die Brust wie ein Stier und ein Bart wie ein Löw. So ist keiner. – Ich bin stolz vor allen Weibern.

TAMBOURMAJOR Wenn ich am Sonntag erst den großen Federbusch hab' und die weißen Handschuh, Donnerwetter, Marie, der Prinz sagt immer: Mensch, Er ist ein Kerl.

MARIE *spöttisch.* Ach was! *Tritt vor ihn hin.* Mann!

TAMBOURMAJOR Und du bist auch ein Weibsbild, Sapperment, wir wollen eine Zucht von Tambourmajors anlegen. He? *Er umfaßt sie.*

MARIE *verstimmt.* Laß mich!

TAMBOURMAJOR Wild Tier.

MARIE *heftig.* Rühr mich an![41]

TAMBOURMAJOR Sieht dir der Teufel aus den Augen?

MARIE Meinetwegen. Es ist Alles eins.

## Straße oder Gasse[42]

*Marie. Woyzeck*

WOYZECK *sieht sie starr an, schüttelt den Kopf.* Hm! Ich seh nichts, ich seh nichts. O, man müßt's sehen, man müßt's greifen können mit Fäusten.

MARIE *verschüchtert.* Was hast du Franz? Du bist hirnwütig, Franz.

WOYZECK Eine Sünde so dick und so breit. (Es stinkt, daß man die Engelchen zum Himmel hinaus räuchern könnt.) Du hast einen roten Mund, Marie. Keine Blase[43] drauf? Adieu, Marie, du bist schön wie die Sünde. – Kann die Todsünde so schön sein?

MARIE Franz, du redst im Fieber.

WOYZECK Teufel! – Hat er da gestanden, so, so?

MARIE Dieweil der Tag lang und die Welt alt ist, können viel Menschen an einem Platz stehen, einer nach dem andern.

WOYZECK Ich hab ihn gesehn.

MARIE Man kann viel sehn, wenn man zwei Augen hat und man nicht blind ist und die Sonn scheint.

WOYZECK Mi++ s+++ A++

MARIE *keck.* Und wenn auch.


## Woyzeck. Der Doktor[44]

DOKTOR Was erleb' ich, Woyzeck? Ein Mann von Wort.

WOYZECK Was denn Herr Doktor?

DOKTOR Ich hab's gesehn Woyzeck; Er hat auf die Straß gepißt, an die Wand gepißt wie ein Hund. Und doch zwei Groschen täglich. Woyzeck das ist schlecht. Die Welt wird schlecht, sehr schlecht.

WOYZECK Aber Herr Doktor, wenn einem die Natur kommt.

DOKTOR Die Natur kommt, die Natur kommt! Die Natur! Hab' ich nicht nachgewiesen, daß der musculus constrictor vesicae[45] dem Willen unterworfen ist? Die Natur! Woyzeck, der Mensch ist frei, in dem Menschen verklärt sich die Individualität zur Freiheit.[46] Den Harn nicht halten können! *Schüttelt den Kopf,*

*legt die Hände auf den Rücken und geht auf und ab.* Hat Er
schon seine Erbsen gegessen, Woyzeck? – Es gibt eine Revolution in der Wissenschaft, ich sprenge sie in die Luft. Harnstoff,
0,10, salzsaures Ammonium,[47] Hyperoxydul.[48]
Woyzeck muß Er nicht wieder pissen? geh' Er einmal hinein
und probier Er's.

WOYZECK Ich kann nit Herr Doktor.

DOKTOR *mit Affekt.* Aber auf die Wand pissen! Ich hab's schrift-
lich, den Akkord[49] in der Hand. Ich hab's gesehn, mit diesen
Augen gesehn, ich streckte grade die Nase zum Fenster hinaus
und ließ die Sonnenstrahlen hinein fallen, um das Niesen zu
beobachten. *Tritt auf ihn los.* Nein Woyzeck, ich ärgere mich
nicht, Ärger ist ungesund, ist unwissenschaftlich. Ich bin ruhig,
ganz ruhig, mein Puls hat seine gewöhnlichen 60 und ich sag's
Ihm mit der größten Kaltblütigkeit! Behüte wer wird sich über
einen Menschen ärgern, einen Menschen! Wenn es noch ein
Proteus[50] wäre, der einem krepiert! Aber Er hätte doch nicht an
die Wand pissen sollen –

WOYZECK Sehn Sie Herr Doktor, manchmal hat man so 'nen
Charakter, so 'ne Struktur. – Aber mit der Natur ist's was
andres, sehn Sie mit der Natur, *er kracht mit den Fingern* das ist
so was, wie soll ich doch sagen, zum Beispiel …

DOKTOR Woyzeck, Er philosophiert wieder.

WOYZECK *vertraulich.* Herr Doktor haben Sie schon was von der
doppelten Natur gesehn? Wenn die Sonn im Mittag steht und es
ist als ging die Welt im Feuer auf, hat schon eine fürchterliche
Stimme[51] zu mir geredet!

DOKTOR Woyzeck, Er hat eine aberratio.

WOYZECK *legt den Finger an die Nase.* Die Schwämme Herr
Doktor. Da, da steckt's. Haben Sie schon gesehn in was für
Figuren[52] die Schwämme auf dem Boden wachsen? Wer das
lesen könnt.

DOKTOR Woyzeck Er hat die schönste aberratio mentalis partialis,
die zweite Spezies, sehr schön ausgeprägt. Woyzeck Er kriegt
Zulage. Zweite Spezies, fixe Idee, mit allgemein vernünftigem
Zustand, Er tut noch alles wie sonst, rasiert seinen Hauptmann?

WOYZECK Ja, wohl.

108

DOKTOR Ißt seine Erbsen?

WOYZECK Immer ordentlich Herr Doktor. Das Geld für die Menage kriegt die Frau.

DOKTOR Tut seinen Dienst?

WOYZECK Ja wohl.

DOKTOR Er ist ein interessanter Kasus, Subjekt[53] Woyzeck Er kriegt Zulage. Halt Er sich brav. Zeig Er seinen Puls! Ja.

**Straße oder Gasse**[54]

*Hauptmann. Doktor*

HAUPTMANN Herr Doktor, die Pferde machen mir ganz Angst; wenn ich denke, daß die armen Bestien zu Fuß gehn müssen. Rennen Sie nicht so. Rudern Sie mit Ihrem Stock nicht so in der Luft. Sie hetzen sich ja hinter dem Tod drein[55]. Ein guter Mensch, der sein gutes Gewissen hat, geht nicht so schnell. Ein guter Mensch. *Er erwischt den Doktor am Rock.* Herr Doktor erlauben Sie, daß ich ein Menschenleben rette. Sie schießen … Herr Doktor, ich bin so schwermütig, ich habe so was Schwärmerisches, ich muß immer weinen, wenn ich meinen Rock an der Wand hängen sehe, da hängt er.

DOKTOR Hm, aufgedunsen, fett, dicker Hals, apoplektische Konstitution. Ja Herr Hauptmann, Sie können eine apoplexia cerebralis kriechen[56], Sie können sie aber vielleicht auch nur auf der einen Seite bekommen, und dann auf der einen gelähmt sein, oder aber Sie können im besten Fall geistig gelähmt werden und nur fort vegetieren, das sind so ohngefähr Ihre Aussichten auf die nächsten vier Wochen. Übrigens kann ich Sie versichern, daß Sie einen von den interessanten Fällen abgeben, und wenn Gott will, daß Ihre Zunge zum Teil gelähmt wird, so machen wir die unsterblichsten Experimente.

HAUPTMANN Herr Doktor erschrecken Sie mich nicht, es sind schon Leute am Schreck gestorben, am bloßen hellen Schreck. – Ich sehe schon die Leute mit den Zitronen in den Händen,[57] aber sie werden sagen, er war ein guter Mensch, ein guter Mensch – Teufel Sargnagel.[58]

DOKTOR *hält ihm den Hut hin.* Was ist das, Herr Hauptmann? Das ist Hohlkopf.

HAUPTMANN *macht eine Falte.* Was ist das Herr Doktor? Das ist Einfalt.

DOKTOR Ich empfehle mich, geehrtester Herr Exerzierzagel.[59]

HAUPTMANN Gleichfalls bester Herr Sargnagel.

*Woyzeck kommt gelaufen*

HAUPTMANN Ha Woyzeck, was hetzt Er sich so an mir vorbei? Bleib Er doch Woyzeck. Er läuft ja wie ein offnes Rasiermesser durch die Welt, man schneidet sich an Ihm. Er läuft als hätt Er ein Regiment Kosacken zu rasiern und würde gehenkt über dem letzten Haar nach einer Viertelstunde[60] – aber, über die langen Bärte, was wollt ich doch sagen? Woyzeck – die langen Bärte ...

DOKTOR Ein langer Bart unter dem Kinn, schon Plinius[61] spricht davon, man muß es den Soldaten abgewöhnen, die, die ...

HAUPTMANN *fährt fort.* Hä? über die langen Bärte? Wie is, Woyzeck, hat Er noch nicht ein Haar aus einem Bart in seiner Schüssel gefunden? He, Er versteht mich doch, ein Haar von einem Menschen, vom Bart eines Sapeurs, eines Unteroffiziers, eines – eines Tambourmajors? He Woyzeck? Aber Er hat eine brave Frau. Geht ihm nicht wie andern.

WOYZECK Ja wohl! Was wollen Sie sagen, Herr Hauptmann?

HAUPTMANN Was der Kerl ein Gesicht macht! er st+kt +++++++st+++, in den Himmel nein, muß nun auch nicht in der Suppe, aber wenn Er sich eilt und um die Ecke geht, so kann Er vielleicht noch auf Paar Lippen eins finden, ein Paar Lippen, Woyzeck, ich habe wieder die Liebe gefühlt, Woyzeck.

Kerl, Er ist ja kreideweiß.

WOYZECK Herr, Hauptmann, ich bin ein armer Teufel, – und hab sonst nichts auf der Welt. Herr Hauptmann, wenn Sie Spaß machen –

HAUPTMANN Spaß ich, daß dich Spaß, Kerl!

DOKTOR Den Puls Woyzeck, den Puls, klein, hart, hüpfend, ungleich.

WOYZECK Herr Hauptmann, die Erd ist höllenheiß, mir eiskalt,

eiskalt, die Hölle ist kalt, wollen wir wetten.

Unmöglich. Mensch! Mensch! unmöglich.

HAUPTMANN Kerl, will Er erschossen werden, will ein paar Kugeln vor den Kopf haben?[62] Er ersticht mich mit seinen Augen, und ich mein es gut mit ihm, weil Er ein guter Mensch ist Woyzeck, ein guter Mensch.

DOKTOR Gesichtsmuskeln starr, gespannt, zuweilen hüpfend, Haltung aufgerichtet, gespannt.

WOYZECK Ich geh! Es ist viel möglich. Der Mensch! Es ist viel möglich.

Wir haben schön Wetter Herr Hauptmann. Sehn Sie, so einen schönen festen grauen Himmel, man könnte Lust bekommen, einen Kloben hineinzuschlagen und sich daran zu hängen, nur wegen des Gedankenstrichels zwischen ja, und nein, ja – und nein, Herr Hauptmann, ja und nein? Ist das Nein am Ja oder das Ja am Nein Schuld?[63] Ich will drüber nachdenken. *Geht mit breiten Schritten ab, erst langsam, dann immer schneller.*

DOKTOR *schießt ihm nach.* Phänomen, Woyzeck, Zulage.

HAUPTMANN Mir wird ganz schwindlich vor den Menschen, wie schnell, der lange Schlegel greift aus, es läuft der Schatten von einem Spinnenbein, und der Kurze, das zuckelt. Der Lange ist der Blitz und der Kleine der Donner. Hähä, hinterdrein. Das hab' ich nicht gern! ein guter Mensch ist dankbar und hat sein Leben lieb, ein guter Mensch hat keine Courage nicht! ein Hundsfott hat Courage! Ich bin bloß in Krieg gangen, um mich in meiner Liebe zum Leben zu befestigen. Von der Angst zur ++++, von da zum Krieg, von da zur Courage; wie man zu so Gedanken kommt, grotesk! grotesk!

## Die Wachtstube

*Woyzeck. Andres*

ANDRES *singt.*   Frau Wirtin hat 'ne brave Magd,[64]
Sie sitzt im Garten Tag und Nacht.
Sie sitzt in ihrem Garten …

WOYZECK Andres!

ANDRES  Nu?

WOYZECK  Schön Wetter.

ANDRES  Sonntagsonnwetter, und Musik vor der Stadt. Vorhin sind die Weibsbilder hin, die Menscher dämpfen, das geht.

WOYZECK  *unruhig.* Tanz, Andres, sie tanzen.

ANDRES  Im Rössel und im Sternen.

WOYZECK  Tanz, Tanz.

ANDRES  Meinetwegen.

> Sie sitzt in ihrem Garten
> Bis daß das Glöcklein zwölfe schlägt
> Und paßt auf die Solda-aten.

WOYZECK  Andres, ich hab keine Ruh.

ANDRES  Narr!

WOYZECK  Ich muß hinaus. Es dreht sich mir vor den Augen. Was sie heiße Händ haben. Verdammt Andres!

ANDRES  Was willst du?

WOYZECK  Ich muß fort.

ANDRES  Mit dem Mensch.

WOYZECK  Ich muß hinaus, 's ist so heiß da hie.


## Wirtshaus

*Die Fenster offen, Tanz. Bänke vor dem Haus. Burschen*

ERSTER HANDWERKSBURSCH

> Ich hab ein Hemdlein an,
> Das ist nicht mein.
> Meine Seele stinkt nach Brandewein –

ZWEITER HANDWERKSBURSCH  Bruder, soll ich dir aus Freundschaft ein Loch in die Natur machen?[65] Verdammt! Ich will ein Loch in die Natur machen. Ich bin auch ein Kerl, du weißt, ich will ihm alle Flöh am Leib tot schlagen.

ERSTER HANDWERKSBURSCH  Meine Seele, meine Seele stinkt nach Brandewein. – Selbst das Geld geht in Verwesung über. Vergißmeinnicht! Wie ist diese Welt so schön. Bruder, ich muß ein Regenfaß voll greinen. Ich wollt unsre Nasen wären zwei Bouteillen und wir könnten sie uns einander in den Hals gießen.

DIE ANDEREN *im Chor:*

> Ein Jäger aus der Pfalz,[66]
> Ritt einst durch einen grünen Wald,
> Halli, halloh, gar lustig ist die Jägerei
> Allhier auf grüner Heid,
> Das Jagen ist mei Freud.

*Woyzeck stellt sich ans Fenster. Marie und der Tambourmajor tanzen vorbei, ohne ihn zu bemerken*

MARIE *im Vorbeitanzen.* Immer, zu, immer zu …

WOYZECK *erstickt.* Immer zu – immer zu. *Fährt heftig auf und sinkt zurück auf die Bank.* Immer zu, immer zu. *Schlägt die Hände ineinander.* Dreht euch, wälzt euch. Warum bläst Gott nicht die Sonn aus, daß Alles in Unzucht sich übereinander wälzt, Mann und Weib, Mensch und Vieh. Tut's am hellen Tag, tut's einem auf den Händen, wie die Mücken. – Weib. – Das Weib ist heiß, heiß! – Immer zu, immer zu. *Fährt auf.* Der Kerl! Wie er an ihr herumtappt, an ihrem Leib, er, er hat sie a++

ERSTER HANDWERKSBURSCH *predigt auf dem Tisch.* Jedoch wenn ein Wandrer, der gelehnt steht an den Strom der Zeit oder aber sich die göttliche Weisheit beantwortet und sich anredet: Warum ist der Mensch? Warum ist der Mensch? – Aber wahrlich ich sage euch, von was hätte der Landmann, der Weißbinder, der Schuster, der Arzt leben sollen, wenn Gott den Menschen nicht geschaffen hätte? Von was hätte der Schneider leben sollen, wenn er dem Menschen nicht die Empfindung der Scham eingepflanzt, von was der Soldat, wenn er ihn nicht mit dem Bedürfnis sich totzuschlagen ausgerüstet hätte. Darum zweifelt nicht, ja ja, es ist lieblich und fein, aber Alles Irdische ist eitel, selbst das Geld geht in Verwesung über. – Zum Beschluß, meine geliebten Zuhörer, laßt uns noch über's Kreuz pissen, damit ein Jud stirbt.

## Freies Feld

WOYZECK  Immer zu! immer zu! Still. Musik. – *Reckt sich gegen den Boden.* He was, was sagt ihr? Lauter, lauter, stich stich die Zickwolfin[67] tot? Stich, stich die Zickwolfin tot. Soll ich? Muß ich? Hör ich's da noch, sagt's der Wind auch? Hör ich's immer, immer zu, stich tot, tot.

## Nacht

*Andres und Woyzeck in einem Bett*

WOYZECK  *schüttelt Andres.* Andres! Andres! ich kann nit schlafen, wenn ich die Augen zumach, dreht sich's immer und ich hör die Geigen, immer zu, immer zu, und dann spricht's aus der Wand, hörst du nix?
ANDRES  Ja, – laß sie tanzen. Gott behüt uns, Amen. *Schläft wieder ein.*
WOYZECK  Es zieht mir zwischen den Augen wie ein Messer.
ANDRES  Du mußt Schnaps trinken und Pulver drein, das schneidt das Fieber.

## Wirtshaus

*Tambourmajor. Woyzeck. Leute*

TAMBOURMAJOR  Ich bin ein Mann! *schlägt sich auf die Brust* ein Mann sag'ich. Wer will was? Wer kein besoffner Herrgott ist, der laß sich von mir! Ich will ihm die Nas ins Arschloch prügeln. Ich will – *zu Woyzeck* da Kerl, sauf, der Mann muß saufen, ich wollt die Welt wär Schnaps, Schnaps …
WOYZECK  *pfeift.*
TAMBOURMAJOR  Kerl, soll ich dir die Zung aus dem Hals ziehn und sie um den Leib herumwickeln? *Sie ringen, Woyzeck verliert.* Soll ich dir noch soviel Atem lassen als ein Altweiberfurz, soll ich?
WOYZECK  *setzt sich erschöpft zitternd auf die Bank.*
TAMBOURMAJOR  Der Kerl soll dunkelblau pfeifen.[68] Ha.

> Brandewein das ist mein Leben
> Brandwein gibt Courage!

EINER  Der hat sein Fett.

ANDERER  Er blut.

WOYZECK  Eins nach dem andern.


## Woyzeck. Der Jude

WOYZECK  Das Pistolchen is zu teuer.

JUDE  Nu, kauft's oder kauft's nit, was is?

WOYZECK  Was kost das Messer?

JUDE  's ist ganz, grad. Wollt Ihr Euch den Hals mit abschneiden?
Nu, was is es? Ich gäb's Euch so wohlfeil wie einem andern, Ihr
sollt Euern Tod wohlfeil haben, aber doch nicht umsonst. Was is
es? Er soll einen ökonomischen Tod haben.

WOYZECK  Das kann mehr als Brot schneiden.

JUDE  Zwei Groschen.

WOYZECK  Da! *Geht ab.*

JUDE  Da! Als ob's nichts wär. Und es is doch Geld. Der Hund.


## Marie. Das Kind. Der Narr

MARIE  *allein,*[69] *blättert in der Bibel.* »Und ist kein Betrug[70] in
seinem Munde erfunden ...« Herrgott. Herrgott! Sieh mich
nicht an. *Blättert weiter.* »aber die Pharisäer[71] brachten ein Weib
zu ihm, im Ehebruche begriffen und stelleten sie ins Mittel dar.
– Jesus aber sprach: so verdamme ich dich auch nicht. Geh hin
und sündige hinfort nicht mehr.« *Schlägt die Hände zusammen.*
Herrgott! Herrgott! Ich kann nicht. Herrgott gib mir nur soviel,
daß ich beten kann. *Das Kind drängt sich an sie.* Das Kind gibt
mir einen Stich in's Herz.[72] Fort! Das brüht sich in der Sonne![73]

NARR  *liegt und erzählt sich Märchen an den Fingern.* Der hat die
goldne Kron, der Herr König. Morgen hol' ich der Frau Königin
ihr Kind.[74] Blutwurst sagt: komm Leberwurst[75]. *Er nimmt das
Kind und wird still.*

MARIE  Der Franz ist nit gekommen, gestern nit, heut nit, es wird
heiß hie. *Sie macht das Fenster auf.* »Und trat hinein[76] zu seinen

Füßen und weinete und fing an seine Füße zu netzen mit Tränen und mit den Haaren ihres Hauptes zu trocknen und küssete seine Füße und salbete sie mit Salben.« *Schlägt sich auf die Brust.* Alles tot! Heiland, Heiland ich möchte dir die Füße salben.

## Kaserne

*Andres. Woyzeck, kramt in seinen Sachen*

WOYZECK Das Kamisolchen Andres, ist nit zur Montur, du kannst's brauchen, Andres. Das Kreuz is meiner Schwester und das Ringlein, ich hab auch noch ein Heiligen,[77] zwei Herzen und schön Gold, es lag in meiner Mutter Bibel, und da steht:

Leiden sei all mein Gewinst,[78]
Leiden sei mein Gottesdienst,
Herr wie dein Leib war rot und wund,
So laß mein Herz sein aller Stund.

Meine Mutter[79] fühlt nur noch, wenn ihr die Sonn auf die Händ scheint. Das tut nix.

ANDRES *ganz starr, sagt zu Allem:* Ja wohl.

WOYZECK *zieht ein Papier hervor.* Friedrich Johann Franz Woyzeck, geschworener Füsilier im 2. Regiment, 2. Bataillon, 4. Kompagnie, ich bin heut,[80] Mariä Verkündigung, den 20. Juli, alt 30 Jahre, 7 Monate und 12 Tage.

ANDRES Franz, du kommst ins Lazarett. A++++, du mußt Schnaps trinken und Pulver drein, das töt das Fieber.

WOYZECK Ja Andres, wann der Schreiner die Hobelspän[81] sammelt, es weiß niemand, wer seinen Kopf drauf legen wird.

## Marie mit Mädchen vor der Haustür

MÄDCHEN  Wie scheint die Sonn St. Lichtmeßtag[82]
Und steht das Korn im Blühn.
Sie gingen wohl die Straße hin,
Sie gingen zu zwei und zwein.
Die Pfeifer gingen vorn
Die Geiger hinter drein.
Sie hatten rote Socken

ERSTES KIND 's ist nit schön.

ZWEITES KIND Was willst du auch immer.

KIND Was hast zuerst angefangen.

KIND Ich kann nit.

KIND Warum?

KIND Darum!

KIND Aber warum darum?[83]

KIND Es muß singen.

KIND Mariechen sing du uns.

MARIE Kommt ihr kleinen Krabben!
        Ringle, ringel Rosenkranz. König Herodes.
    Großmutter erzähl.

GROSSMUTTER Es war einmal[84] ein arm Kind und hat keinen Vater und keine Mutter, war Alles tot und war Niemand mehr auf der Welt. Alles tot, und es ist hingangen und hat gerrt[85] Tag und Nacht. Und wie auf der Erde Niemand mehr war, wollt's in Himmel gehn, und der Mond guckt es so freundlich an und wie's endlich zum Mond kam, war's ein Stück faul Holz und da ist es zur Sonn gangen und wie's zur Sonn kam, war's eine verwelkte Sonnenblume und wie's zu den Sternen kam, warens kleine goldene Mücken, die waren angesteckt wie der Neuntöter[86] sie auf die Schlehen[87] steckt, und wie's wieder auf die Erde wollt, war die Erde ein umgestürzter Hafen[88] und es war ganz allein und da hat sich's hingesetzt und gerrt und da sitzt es noch und ist ganz allein.

WOYZECK Marie!

MARIE *erschreckt.* Was ist?

WOYZECK Marie wir wollen gehn 's ist Zeit.

MARIE Wohinaus?

WOYZECK Weiß ich's?


## Marie und Woyzeck

MARIE Also dort hinaus ist die Stadt, 's ist finster.

WOYZECK Du sollst noch bleiben. Komm setz dich.

MARIE Aber ich muß fort.

WOYZECK Du würdest dir die Füße nicht wund laufen.

MARIE  Wie bist du denn auch!

WOYZECK  Weißt du auch wie lang es jetzt ist Marie?[89]

MARIE  Um Pfingsten zwei Jahre.

WOYZECK  Weißt du auch wie lang es noch sein wird?

MARIE  Ich muß fort, der Nachttau fällt.

WOYZECK  Friert's dich. Marie, und doch bist du warm. Was du heiße Lippen hast! (heiß, heißer Hurenatem, und doch möcht' ich den Himmel geben sie noch einmal zu küssen) S+++be und wenn man kalt ist, so friert man nicht mehr. Du wirst vom Morgentau nicht frieren.

MARIE  Was sagst du?

WOYZECK  Nix. *Schweigen.*

MARIE  Was der Mond rot aufgeht.

WOYZECK  Wie ein blutig Eisen.[90]

MARIE  Was hast du vor? Franz, du bist so blaß. Franz halt. Um des Himmels willen, He Hülfe!

WOYZECK  Nimm das, und das! Kannst du nicht sterben? So! so! Ha sie zuckt noch, noch nicht noch nicht? Immer noch? *Stößt zu.* Bist du tot? Tot! Tot! *Es kommen Leute, läuft weg.*


## Es kommen Leute[91]

ERSTE PERSON  Halt!

ZWEITE PERSON  Hörst du? Still! Dort!

ERSTE PERSON  Uu! Da! Was ein Ton.

ZWEITE PERSON  Es ist das Wasser, es ruft, schon lang ist Niemand ertrunken. Fort, 's ist nicht gut, es zu hören.

ERSTE PERSON  Uu, jetzt wieder. Wie ein Mensch der stirbt.

ZWEITE PERSON  Es ist unheimlich, so düftig[92] – halb Nebel, grau, und das Summen der Käfer wie gesprungene Glocken. Fort!

ERSTE PERSON  Nein, zu deutlich, zu laut. Da hinauf. Komm mit.


## Das Wirtshaus

WOYZECK  Tanzt alle, immer zu, schwitzt und stinkt, er holt euch doch einmal Alle.

*Singt.*      Frau Wirtin hat 'ne brave Magd.[93]
              Sie sitzt im Garten Tag und Nacht,
              Sie sitzt in ihrem Garten
              Bis daß das Glöcklein zwölfe schlägt
              Und paßt auf die Soldaten.
*Er tanzt.* So Käthe! setz dich! Ich hab heiß! heiß, (*er zieht den Rock aus*) es ist einmal so, der Teufel holt die eine und läßt die andre laufen. Käthe du bist heiß! Warum denn Käthe? Du wirst auch noch kalt werden. Sei vernünftig. Kannst du nicht singen?

KÄTHE         Ins Schwabeland, das mag ich nicht[94]
              Und lange Kleider trag ich nicht
              Denn lange Kleider, spitze Schuh
              Die kommen keiner Dienstmagd zu.

WOYZECK   Nein, keine Schuh, man kann auch ohne Schuh in die Höll gehn.

KÄTHE         O pfui mein Schatz,[95] das war nicht fein
              Behalt dein Taler und schlaf allein.

WOYZECK   Ja wahrhaftig, ich möchte mich nicht blutig machen.

KÄTHE   Aber was hast du an deiner Hand?

WOYZECK   Ich? Ich?

KÄTHE   Rot! Blut. *Es stellen sich Leute um sie.*

WOYZECK   Blut? Blut?

WIRT   Uu Blut.

WOYZECK   Ich glaub ich hab' mich geschnitten, da an die rechte Hand.

WIRT   Wie kommt's aber an den Ellenbogen?

WOYZECK   Ich hab's abgewischt.

WIRT   Was, mit der rechten Hand an den rechten Ellbogen? Ihr seid geschickt.

NARR   Und da hat der Riese gesagt: ich riech, ich riech, ich riech Menschenfleisch.[96] Puh. Der stinkt schon.

WOYZECK   Teufel, was wollt Ihr? Was geht's Euch an? Platz! oder der erste – Teufel! Meint Ihr ich hätt Jemand umgebracht? Bin ich Mörder? Was gafft Ihr! Guckt Euch selbst an! Platz da. *Er läuft hinaus.*

119

## Kinder

ERSTES KIND  Fort. Margretchen!

ZWEITES KIND  Was is?

ERSTES KIND  Weißt du's nit? Sie sind schon alle hinaus. Draußen liegt eine?

ZWEITES KIND  Wo?

ERSTES KIND  Links über die Lochschneise[97] in dem Wäldchen, am roten Kreuz.

ZWEITES KIND  Fort, daß wir noch was sehen. Sie tragen sie sonst hinein.

## Woyzeck, allein

WOYZECK  Das Messer? Wo ist das Messer? Ich hab es da gelassen. Es verrät mich! Näher, noch näher! Was ist das für ein Platz? Was höre ich? Es rührt sich was. Still. Da in der Nähe. Marie? Ha Marie! Still. Alles still! (Was bist du so bleich, Marie? Was hast du eine rote Schnur um den Hals? Bei wem hast du das Halsband verdient, mit deiner Sünde? Du warst schwarz davon, schwarz! Hab ich dich jetzt gebleicht. Was hängen deine schwarzen Haare, so wild? Hast du die Zöpfe heut nicht geflochten?) Da liegt was! kalt, naß, stille. Weg von dem Platz. Das Messer, das Messer, hab ich's? So! Leute. – Dort. *Er läuft weg.*

## Woyzeck an einem Teich

WOYZECK  So da hinunter! *Er wirft das Messer hinein.* Es taucht in das dunkle Wasser, wie Stein! Der Mond ist wie ein blutig Eisen! Will denn die ganze Welt es ausplaudern? Nein es liegt zu weit vorn, wenn sie sich baden, *er geht in den Teich und wirft weit* so jetzt, aber im Sommer, wenn sie tauchen nach Muscheln, bah es wird rostig! Wer kann's erkennen. Hätt' ich es zerbrochen! Bin ich noch blutig? ich muß mich waschen. Da ein Fleck und da noch einer.

120

**Gerichtsdiener. Barbier.[98] Arzt. Richter**

POLIZEIDIENER Ein guter Mord, ein echter Mord, ein schöner Mord, so schön als man ihn nur verlangen tun kann,[99] wir haben schon lange so keinen gehabt.

**Der Idiot. Das Kind. Woyzeck**

KARL *hält das Kind vor sich auf dem Schoß.* Der is ins Wasser gefallen,[100] der is ins Wasser gefallen, nein, der is ins Wasser gefallen.

WOYZECK Bub, Christian …

KARL *sieht ihn starr an.* Der is ins Wasser gefallen …

WOYZECK *will das Kind liebkosen, es wendet sich weg und schreit.* Herrgott!

KARL Der is ins Wasser gefallen.

WOYZECK Christianchen, du bekommst en Reuter,[101] sa, sa. *Das Kind wehrt sich. Zu Karl.* Da kauf dem Bub en Reuter.

KARL *sieht ihn starr an.*

WOYZECK Hop! hop! Roß.

KARL *jauchzend.* Hop! hop! Roß! Roß! *Läuft mit dem Kind weg.*

**Additional Scene** (see pp. 18f): **Der Hof des Professors**

*Studenten unten, der Professor am Dachfenster*

PROFESSOR Meine Herren, ich bin auf dem Dach, wie David,[102] als er die Bathseba sah; aber ich sehe nichts als die culs de Paris[103] der Mädchenpension im Garten trocknen. Meine Herren wir sind an der wichtigen Frage über das Verhältnis des Subjektes zum Objekt. Wenn wir nur eines von den Dingen nehmen, worin sich die organische Selbstaffirmation des Göttlichen auf einem der hohen Standpunkte manifestiert, und ihre Verhältnisse zum Raum, zur Erde, zum Planetarischen untersuchen, meine Herren, wenn ich diese Katze zum Fenster hinauswerfe, wie wird diese Wesenheit sich zum centrum gravitationis und dem eigenen Instinkt verhalten. He Woyzeck, *brüllt* Woyzeck!

WOYZECK  Herr Professor sie beißt.

PROFESSOR  Kerl, er greift die Bestie so zärtlich an, als wär's seine
Großmutter.

WOYZECK  Herr Doktor ich hab's Zittern.

DOKTOR  *ganz erfreut.* Ei, Ei, schön Woyzeck. *Reibt sich die Hände.*
*Er nimmt die Katze.* Was seh' ich meine Herren, die neue Spezies
Hühnerlaus,[104] eine schöne Spezies, wesentlich verschieden,
enfoncé,[105] der Herr Doktor. *Er zieht eine Lupe heraus.*
Rizinus,[106] meine Herren – *Die Katze läuft fort.* Meine Herren,
das Tier hat keinen wissenschaftlichen Instinkt. Rizinus, herauf,
die schönsten Exemplare, bringen Sie Ihre Pelzkragen! Meine
Herren, Sie können dafür was anderes sehen, sehen Sie der
Mensch, seit einem Vierteljahr ißt er nichts als Erbsen,
bemerkten Sie die Wirkung, fühlen Sie einmal was ein
ungleicher Puls, da, und die Augen.

WOYZECK  Herr Doktor es wird mir dunkel. *Er setzt sich.*

WOYZECK  C o u r a g e Woyzeck noch ein paar Tage, und dann ist's
fertig, fühlen Sie meine Herren fühlen Sie. *Sie betasten ihm*
*Schläfe, Puls und Busen.*
à propos, Woyzeck, beweg den Herren doch einmal die
Ohren,[107] ich hab es Ihnen schon zeigen wollen. Zwei Muskeln
sind bei ihm tätig. Allons frisch!

WOYZECK  Ach Herr Doktor!

DOKTOR  Bestie, soll ich dir die Ohren bewegen; willst du's machen
wie die Katze! So meine Herrn, das sind so Übergänge zum
Esel, häufig auch in Folge weiblicher Erziehung, und die
Muttersprache. Wieviel Haare hat dir deine Mutter zum
Andenken schon ausgerissen aus Zärtlichkeit? Sie sind dir ja
ganz dünn geworden, seit ein Paar Tagen, ja die Erbsen, meine
Herren.*

---

\* This additional scene is also printed separately from the drama in the Hitzeroth
edition.

# Chronology of Büchner's life and works

## Life

**1813** Georg Büchner born on 17 October in Goddelau near Darmstadt in the Grand Duchy of Hesse as the first of seven children (one of whom died after a few months). His father, Dr Ernst Karl Büchner (1786-1861), had been a military doctor with Napoleon's armies, and was practising as a physician in Goddelau when Georg was born. He took up a post as *Amts-* and *Stadtchirurg* in Darmstadt in November 1816, with further advancement to follow, finally becoming *Großherzoglich Hessischer Medizinalrat* in 1824. Georg's mother, Caroline Luise Reuß (1791-1858), was the daughter of Johann Georg Reuß (1757-1815), *Hospitalmeister* in Hofheim. Georg's younger brother Ludwig (1824-99) became a doctor in Darmstadt and was the author of an influential book on biological materialism entitled *Kraft und Stoff* (1855).

**1822** At Dr Karl Weiterhausen's private school in Darmstadt.

**1825-31** At the Ludwig-Georg-Gymnasium in Darmstadt.

**November 1831 to June 1833** Strasburg, except for the vacation period August–October 1832, which he spent at home in Darmstadt. He studied medicine (anatomy and zoology were reportedly his favourite subjects). During an illness in the spring of 1832 he was looked after by Wilhelmine Jaeglé and became secretly engaged to her.

**1833 late October** In Gießen, studying medicine. Five weeks of illness culminating in an attack of meningitis which forced him to return home for the winter.

**1834** In Gießen. Continued attacks of fever and migraine. Early in the year he met Pastor Weidig, leader of the bourgeois liberal party in Hesse. In March or April he organised the *Gesellschaft der Menschenrechte* and wrote *Der Hessische Landbote*.

*April* In Strasburg. His engagement to Wilhelmine made public. The rest of the Easter vacation spent in Darmstadt, where he founded a branch of the *Gesellschaft der Menschenrechte*.

*May* In Gießen.

*3 July* Attended the Badenburg conference of delegates drawn mainly from the political societies in Hesse and Marburg. The divergence between

Büchner's radical socialist views and those of Weidig and the liberals became clear.

*1 August* Arrest of Büchner's friend Minnigerode and seizure of *Der Hessische Landbote*. Büchner was denounced as its author but escaped arrest.

*Mid-September* onwards, remained at home in Darmstadt studying natural science, anatomy and philosophy, but continuing his political activities surreptitiously, consolidating the *Gesellschaft der Menschenrechte*.

**1835** *January, February Dantons Tod* written to obtain money for the escape to Strasburg.

*March* In Strasburg; gave up all political activity and continued his studies.

*April* Denounced again by Clemm as author of the political pamphlet.

*13 June* Warrant of arrest against him issued in Darmstadt.

*December* Began work on his scientific treatise (see below).

**1836** Became a member of the Strasburg *Société du Muséum d'histoire naturelle*, to which he had lectured on his treatise.

*September* Became Dr.Phil. of the University of Zurich.

*24 October* Arrived in Zurich.

*November* Trial lecture *Über Schädelnerven* (given this title by Franzos), after which Büchner was appointed lecturer in natural history in the University of Zurich, where he lectured on the comparative anatomy of fishes and amphibia.

**1837** Contracted typhus in February and died within three weeks, on 19 February.

**Works**

**1834** *Der Hessische Landbote*; published in Offenbach (after alterations by Weidig) in July. Second edition by Weidig in November almost certainly not seen by Büchner.

**1835** *January, February Dantons Tod* written; first published in abbreviated parts with linking résumé by Gutzkow in the journal *Phönix*, 1835; complete play published for the first time by Duller in July (with numerous alterations to the text, not authorised by Büchner) under Duller's title, *Dantons Tod. Dramatische Bilder aus Frankreichs Schreckensherrschaft*, Frankfurt a. M., J. D. Sauerländer, 1835.

Translates two plays of Victor Hugo, *Lucrèce Borgia* and *Marie Tudor*; these published by Sauerländer in the same year.

**1836** Treatise *Sur le système nerveux du barbeau* printed for the publications of the *Société du Muséum d'histoire naturelle* in Strasburg. Did not appear until Spring 1837.

*Leonce und Lena* written for a prize offered in 1836 for the best German comedy, but it arrived too late to be considered; published in Gutzkow's *Telegraph für Deutschland* (Act I in Gutzkow's résumé with quotations from the text, Acts II and III complete) in May 1838; complete play first published in *Nachgelassene Schriften*, ed. by Ludwig Büchner, Frankfurt a. M., 1850.

*Lenz*; first published in Gutzkow's *Telegraph für Deutschland* in January 1839.

**1836–7** *Woyzeck*, an unfinished drama; first published as *Wozzeck* in the Berlin periodical *Mehr Licht!* in October 1878 (K. E. Franzos' faulty text).

## First theatrical productions of Büchner's plays

*Leonce und Lena* Theaterverein 'Intimes Theater', Munich, 31 May 1895.
*Dantons Tod* Neue Freie Volksbühne, Berlin, 5 January 1902.
*Woyzeck* Residenztheater, Munich, 8 November 1913.

# Dantons Tod

## Historical background

The action of the play takes place between 24 March and 5 April 1794. The Girondins, the moderate republican party, so named after certain outstanding deputies from the Gironde, was in control of the government in 1792, but was forced gradually during the first half of 1793 to yield its power to the Jacobins. The Jacobin club, the most important and at this time the most radical political club in Paris, was the headquarters of those who opposed the Girondins, and gradually became closely identified with the Jacobin party. There the great orators of the revolution practised their rhetoric before addressing the National Convention. (In the play Robespierre prepares the ground in the Jacobin club for his later open attack on Danton in the Convention.)

The fall of the Girondins took place in June 1793. In July Danton was excluded from the Committee of Public Safety and Robespierre joined it. The execution of the twenty-two Girondins in October marked the beginning of the Jacobin regime and of centralisation. The revolutionary or emergency government, which postponed the constitution of 1793, was inaugurated in the same month, and regularised by a decree in December. Thus at the time of the play the government is largely in the hands of the Committee of Public Safety and its subordinate 'police' committee, the Committee of General Security. Robespierre dominates the Committee of Public Safety at this date.

The Cordeliers club, so called because it met in thc disused Franciscan monastery, was always the focus of the opposition, and here the followers of Hébert gathered. When the Hébertist criticism of the government had shown itself openly the faction was suppressed and the leaders executed on 24 March 1794. A week after this execution, which marks the opening of the play, the Dantonists were arrested (30 March). On 5 April they were executed. Thus the government rid itself of two factions opposed to its policy, and the Robespierrist regime began, leading to the fall of the 'dictator' in July 1794.

The most useful general account of the revolution for background purposes is J. M. Thompson's *The French Revolution,* Oxford, 1943 (especially chs. 23 and 24). The fall of Danton is related in vol. 3, book 6, of Thomas Carlyle's *The French Revolution.* Carlyle's description of the main protagonists at this point is worth recalling:

126

A Danton, a Robespierre, chief-products of a victorious Revolution, are now arrived in immediate front of one another; must ascertain how they will live together, rule together. One conceives easily the deep mutual incompatibility that divided these two: with what terror of feminine hatred the poor seagreen Formula looked at the monstrous colossal Reality, and grew greener to behold him; – the Reality, again, struggling to think no ill of a chief-product of the Revolution; yet feeling at bottom that such chief-product was little other than a chief windbag, blown large by Popular air; not a man, with the heart of a man, but a poor spasmodic incorruptible pedant, with a logic-formula instead of heart; of Jesuit or Methodist-Parson nature; full of sincere-cant, incorruptibility, of virulence, poltroonery; barren as the eastwind! Two such chief-products are too much for one Revolution (ch. 2).

## Büchner's Main Sources

Mercier, L.S., *Le Nouveau Paris*, 6 vols. (Paris, 1799).

*Galérie historique des Contemporains, ou nouvelle Biographie*, 8 vols. and 2 supplementary vols. (Brussels, 1818–26).

Thiers, L. A., *Histoire de la Révolution française*, 10 vols. (Paris, 1823–7), esp. vol. 6.

Strahlheim, Carl (pseudonym of Johann Conrad Friederich), ed., *Die Geschichte Unserer Zeit*, 30 vols. (Stuttgart, 1826–30). This was also printed in 120 separate issues and covered the years 1789 to 1830.

Further sources and articles on them are given in P. (see pp. 463–5). Some of the sources quoted there are called in doubt by T. M. Mayer, 'Zur Revision der Quellen für "Dantons Tod" von Georg Büchner', pts. I and II, *studi germanici (n.s.)* 7 (1969) and 9 (1971). In pt. I Mayer gives a list of books which Büchner borrowed from the Darmstadt library between October 1834 and January 1835.

## Extracts from Büchner's Sources
## Act III, 4. Das Revolutionstribunal

These passages are quoted after R. Thieberger, *La mort de Danton de Georges Büchner et ses sources* (Paris, 1953), pp. 46–8. For further parallels see the *Stellenkommentar* to *Dantons Tod* in P. pp. 477–585.

Meine Wohnung ist bald im Nichts, und mein Name im Pantheon.

Strahlheim, vol. 12, p. 107

Danton, lui dit le président, la Convention vous accuse d'avoir conspiré avec Mirabeau, avec Dumouriez, avec d'Orléans, avec les Girondins, avec l'étranger, et avec la faction qui veut rétablir Louis XVII.

Thiers, vol. 6, p. 217

Ma voix, répondit Danton avec son organe puissant, ma voix qui tant de fois s'est fait entendre pour la cause du peuple, n'aura pas de peine à repousser la calomnie. Que les lâches qui m'accusent paraissent, et je les couvrirai d'ignominie ... Que les comités se rendent ici, je ne répondrai que devant eux; il me les faut pour accusateurs et pour témoins ... Qu'ils paraissent ... Au reste peu m'importe, vous et votre jugement ... je vous l'ai dit: le néant sera bientôt mon asyle. La vie m'est à charge, qu'on me l'arrache ... Il me tarde d'en être délivré.                                   Thiers, vol. 6, pp. 217f

Danton, dit le président, l'audace est le propre du crime; le calme est celui de l'innocence.                                   Thiers, vol. 6, p. 218

Der Präsident erinnerte ihn hierauf, daß Kühnheit dem Verbrechen, und Ruhe der Tugend eigen wäre, und daß er sich gegenwärtig vor dem Tribunal mit Präcision rechtfertigen müßte.                   Strahlheim, vol. 12, p. 107

A ce mot Danton s'écrie: 'L'audace individuelle est réprimable sans doute; mais cette audace nationale dont j'ai tant de fois donné l'exemple, dont j'ai tant de fois servi la liberté, est la plus méritoire de toutes les vertus. Cette audace est la mienne; c'est celle dont je fais ici usage pour la république contre les lâches qui m'accusent. Lorsque je me vois si bassement calomnié, puis-je me contenir? Ce n'est pas d'un révolutionnaire comme moi qu'il faut attendre une défense froide ... les hommes de ma trempe sont inappréciables dans les révolutions ... c'est sur leur front qu'est empreint le génie de la liberté.' – En disant ces mots, Danton agitait sa tête et bravait le tribunal. Ses traits si redoutés produisaient une impression profonde. Le peuple, que la force touche, laissait échapper un murmure approbateur. –' Moi, continuait Danton, moi accusé d'avoir conspiré avec Mirabeau, avec Dumouriez, avec Orléans, d'avoir rampé aux pieds des vils despotes! c'est moi que l'on somme de répondre à la *justice inevitable, inflexible* ... Et toi, lâche Saint-Just, tu répondras à la postérité de ton accusation contre le meilleur soutien de la liberté ... '
                                   Thiers, vol. 6, pp. 218f

'Privatkühnheit', antwortete Danton, 'ist ohne Zweifel zu tadeln und konnte mir nie zum Vorwurf gemacht werden; aber Nationalkühnheit, wovon ich so oft das Beispiel gegeben habe, und wodurch ich so oft der gemeinen Sache nützlich geworden bin, ist erlaubt, ist in Revolutionszeiten sogar notwendig; und aus dieser Kühnheit mache ich mir eine Ehre. Wenn ich mich so schwer und so ungerechterweise angeklagt sehe, wie kann ich da meinen Unwillen gegen meine Verleumder zurückhalten? Ist von einem Revolutionsfreunde, wie ich bin, eine kaltblütige Verteidigung zu erwarten? Männer meines Schlages sind nicht zu bezahlen; in unauslöschlichen Charakteren tragen sie das Siegel der Freiheit an der Stirn. Und doch beschuldigt man mich, zu den Füßen niedriger Despoten gekrochen, mich der Partei der Freiheit widersetzt, mich mit Mirabeau und Dumouriez verschworen zu haben! Und ich soll vor der unvermeidlichen, der unerbittlichen Gerechtigkeit antworten! Und du, St. Just, du wirst der Nachwelt für die Verunehrung des besten Volksfreundes, des besten Volksverteidigers verantwortlich sein!'

Strahlheim, vol. 12, pp. 107f

Le président lui recommande de nouveau d'être calme, et lui cite l'exemple de Marat, qui répondit avec respect au tribunal. Thiers, vol. 6, pp. 219f

En parcourant cette liste d'horreurs, ajoute Danton en montrant l'acte d'accusation, je sens tout mon être frémir. *Ibid.*, p. 219

Où sont, s'écrie-t-il, les hommes qui eurent besoin de presser Danton pour l'engager à se montrer dans cette journée? Où sont les êtres privilégiés dont il a emprunté l'énergie? Qu'on les fasse paraître mes accusateurs ... j'ai toute la plénitude de ma tête lorsque je les demande ... je dévoilerai les trois plats coquins qui ont entouré et perdu Robespierre ... qu'ils se produisent ici, et je les plongerai dans le néant, dont ils n'auraient jamais dû sortir ...

*Ibid.*, pp. 220f

'Hören Sie die Klingel nicht?' fragte der Präsident.

Strahlheim, vol. 12, p. 111, note

Le président veut interrompre de nouveau Danton, et agite sa sonnette.

Thiers, vol. 6, p. 221

La voix d'un homme, reprend Danton, qui défend son honneur et sa vie, doit vaincre le bruit de ta sonnette. *Ibid.*

Die Stimme eines Mannes, der mit seinem Leben seine Ehre zu verteidigen hat, muß die Töne deiner Klingel besiegen.

Strahlheim, vol. 12, p. 111, note

Cependant il était fatigué d'indignation; sa voix était altérée; alors le président l'engagea avec égard à prendre quelque repos, pour recommencer sa défense avec plus de calme et de tranquillité. Thiers, vol. 6, p. 221

Seit zwei Tagen kennt das Tribunal Danton; morgen hofft er im Schoße des Ruhms zu entschlummern. Strahlheim, vol. 12, p. 111

### Index of historical persons

All the named characters in the *dramatis personae,* with the exception of Simon, his wife, and the prostitutes of the Palais Royal, are actual historical figures.

**Amar** A lawyer, 'a courtly, insinuating, and almost effeminate terrorist, who directed ... spies and bravoes in the pay of the committee' (the Committee of General Security) – Thompson, p. 391

**Barrère (= Barère de Vieuzac)** Adapted himself to the political situation as it suited his own interests. Büchner seems to have invented his pangs of conscience.

**Billaud-Varennes (= Billaud-Varenne)** Thiers gives an account of Billaud's active part in the September massacres and calls him 'froid, bas et sanguinaire'.

**Brissot** A prominent Girondin; leader of the Brissotin Ministry in 1792.

**Chabot** See note 28, Act I, 6.

**Chalier** In 1793 organised a 'revolutionary army' in Lyon against rich and reactionary citizens; was executed there by the anti-Jacobins and thereafter honoured by the Jacobins as a martyr.

**Chaumette** Called himself 'Anaxagoras' (after the Greek philosopher who was arrested on a charge of irreligion); he was arrested at the same time as the Hébertists for his anti-Christian activities, and executed on 13 April 1794.

**Collot d'Herbois** A former actor-dramatist; a severe and ruthless revolutionary who encouraged savage measures against the reactionaries at Lyon. He was deported after the fall of Robespierre and drank himself to death.

**Couthon** Member of the Committee of Public Safety and a close associate of Robespierre.

**Danton (Georges Jacques Danton, 1759-94)** Danton had been deputy *procureur* in the Paris commune when the Tuileries were stormed, and then Minister of Justice in 1792. With Delacroix he represented the Jacobin left in the newly formed Committee of Public Safety in April 1793, from which he was excluded in July. He remained the focus of attention as the only man with sufficient potential popularity and strength of character to become the leader of a government in opposition to Robespierre. Accounts of his political aims and of his private life differ, but Büchner has followed fairly closely the indications given by Thiers, the *Galérie historique* and possibly Mignet. Thiers describes him as a man of superior intelligence and a vast imagination, with a slightly African cast of features, a thunderous voice and great oratorical gifts. He was bold, brutal, jovial and generous, with no hatred or envy in him. In moments of extreme enthusiasm he was capable of carrying out anything which Marat's savage mind could conceive. He was a man swayed by passions and greedy for life. Ready to accept money from the court, he was less willing to act on its behalf. When his friends urged him to escape while there was still time, he consistently refused to believe that anyone would dare to arrest him, repeating to himself the words 'ils n'oseront pas', and remained in passive and idle acceptance of his powerlessness to affect the political scene, in the careless mood of the great man awaiting the danger he will not exert himself to avoid. Mignet adds that he was a formidable opponent when he was set on achieving a particular end but became apathetic once it was achieved. He was thirty-four years old when he died.

Nineteenth-century historians made him alternately a villain and a hero. There is evidence that he was involved in suspicious financial transactions, but it is not clear how far the responsibility for the September massacres is to be laid at his door. According to Thiers, Danton and Marat planned them together, and Büchner certainly makes Danton aware of his responsibility, possibly following the account in the *Galérie historique* (vol. 4, p. 120): 'Étranger à toute haine personnelle, pas un de ses ennemis n'a péri dans ces exécrables journées de septembre, dont il ne parlait que comme d'une bataille perdue par les royalistes, mais dont le souvenir est un ineffaçable opprobre pour sa mémoire.' The fact is that he did nothing to prevent the massacres although he was Minister of Justice. Opinions differ as to his political aims in the period leading up to his arrest. Mignet sees Danton as the moderate desiring the end of emergency government and of the harsh revolutionary tribunal. Danton and his party were generally known at the time as the *indulgents* or *modérés,* as opposed to the Hébertist *enragés* or *exagérés*. His successor in the Ministry of Justice reported that he wanted amongst other things justice for all, clemency towards enemies of the State, a revision of the constitution of 1793, peace with Europe and the revival of commerce and industry. He was strongly supported in his policy by Camille Desmoulins, who propagated it in the press. The word *indulgent* can also be interpreted in the direction of freedom for the 'natural man' and from the vigilance of a government dominated by the puritanical Robespierre. Danton is reported to have declared during drinking bouts that the time had come to share the spoils of victory and live in luxurious indolence. This may complete rather than contradict the picture of a man who, it has been said, 'lived his public life as he lived his private life, in a spirit of generous ruffianism'.

**Danton, Julie** Danton's second wife, whom he married in 1793 when she was sixteen years old. Her real name was Sébastienne-Louise Gély. She in fact outlived Danton and married again three years after his death.

**David, Jacques Louis** The most prominent French artist of the day. His works include 'Marat assassiné' (1793) and a ruthless sketch of Marie-

Antoinette on her way to execution. The words attributed to him in the play are to be found in Strahlheim.

**Delaunay** See note 28, Act I, 6.

**Demahy** According to Vilate (see below), Barère's mistress at Clichy.

**Desmoulins, Camille, 1760–94** One of the greatest and most influential pamphleteers and journalists of the revolution. He edited the *Vieux Cordelier* (*Der alte Franziskaner*), so called because it opposed the 'new' radical Cordeliers, who included the Hébertists (see pp. 126, 131, 133). The paper propagated the views of the *indulgents,* attacked the Hébertists and proposed a *comité de clémence ( Gnadenausschuß)* against Terrorism. The passage on 'Erbarmen', 'Gnade' and the 'Zeichen einer falschen Empfindsamkeit' in Robespierre's speech at the Jacobin club (p. 37) is directed against the moderate policy expressed in the paper (see also Thompson, pp. 461ff). Thiers says that Camille advocated the 'system of happiness' as against the 'system of virtue', and a later historian quotes Camille's words of February 1792: 'C'en serait fait de notre liberté, si elle reposait sur les mœurs.' Thiers writes that there was great affection between Danton and Camille, who had also been to the same school as Robespierre, the Collège Louis-le-Grand in Paris. Camille was thirty-four when he died. Thiers and Mignet describe him as a brilliant, fiery young revolutionary with an acid wit, but gentle at heart. Büchner develops this last characteristic.

**Desmoulins, Lucile** Büchner invents her madness and makes her die voluntarily, whereas she was in fact arrested on the charge of attempting to free her husband.

**Dillon, Arthur** General of the army of the Ardennes in 1792. Camille had attempted his defence when he was accused of taking part in a royalist plot. The episode with Laflotte is based on Thiers' account. Dillon's poor attempt to help Danton was exaggerated into a widespread 'conspiracy' by the time it reached Saint-Just.

**Dumas** Leader of support for Robespierre outside the National Convention. Organised resistance to the enemies of Robespierre when Robespierre fell from power on 27 July 1794, and was executed with him on the following day.

**Dumouriez** As a soldier he won critical battles for France in the autumn of 1792. As a politician he desired to settle the war by negotiation and later to restore the constitutional monarchy. He escaped to Vienna in 1793 when the army refused to obey his orders.

**Fabre d'Eglantine** A strolling player and playwright, arrested in January 1794 on the charge of forgery (see note 28, Act I, 6).

**Fouquier-Tinville** Public prosecutor since 1793; executed March 1795.

**Gaillard** An actor and Hébertist. He committed suicide.

**Girard** See note 6, Act III, 2.

132

**Hébert, Jacques René, 1757–94** Deputy procureur of the Paris commune and leader in the Cordeliers club of the extremist faction referred to in Robespierre's speech (p. 36) as having been exterminated. Hébert was executed on 24 March, the day on which the play opens, but certain of his followers were still in prison (see p. 43). Arrested for his part in insurrectional activities against the Girondin government in 1793, he was released within three days. In the same year he organised with Chaumette the worship of Reason, and in his paper *Père Duchesne* he incited the workers against the moneyed class and the monopolists without proclaiming a definite plan for social reform (p. 36: 'Sie erklärte der Gottheit und dem Eigentum den Krieg'). It is not clear whether Danton was behind Camille's attacks on Hébert in the *Vieux Cordelier*, which were largely instrumental in effecting the downfall of Hébert and his party (see p. 51: 'die Cordeliers nennen mich Héberts Henker'). Hébert was terrified of death and was taunted by the crowd on his way to execution (p. 50: 'erniedrigt wie der schändliche Hébert').

**Hérault de Séchelles** A luxury-loving ex-courtier and aristocrat, elegant and good-looking. He played the major part in drafting the constitution of 1793 (see p. 48). He was actually arrested before Danton, as he is in the play.

**Herrmann (= Herman)** A judge of the Revolutionary Tribunal from 1793 to 1794, and later Commissioner of Civil Administration under Robespierre, after whose fall he was executed.

**Lacroix** A lawyer who was sent with Danton on missions to Belgium in 1792–3; he was accused of enriching himself there, mainly at the expense of Belgian churches (see p. 44: 'Man nennt uns Spitzbuben ... ').

**Lafayette, Marie Joseph, Marquis de, 1757–1834** Statesman, general and writer who took part in the American war of independence. As commander of the National Guard he brought the royal family back from Versailles to Paris at the demand of the people in October 1791. Discredited by his refusal to allow his republicanism to conflict with his belief in the hereditary executive power of the Crown, he was arrested by the Austrians in 1792 and held captive in Prussia and Austria until 1797. He returned to France in 1799 and died in Paris.

**Laflotte** Diplomatic representative of the French Republic in Florence. Himself a suspect, he met Dillon in the Luxembourg prison and revealed to the Committee of Public Safety Dillon's plot to free the Dantonists.

**Legendre** By trade a butcher. A member of the Jacobin club and a founder member of the Cordeliers. After the fall of the Girondins he became more moderate, attempting to defend Danton, but then abandoning him through fear of Robespierre.

**Leroi** See note 6, Act III, 2.

**Lumière** See note 6, Act III, 2.

133

**Marat** Believed in removing the old order by decapitation. Assassinated in July 1793 by Charlotte Corday, he was afterwards honoured as a saint and 'Martyr of Liberty'.

**Mercier** Dramatist and journalist; imprisoned as a Girondin and therefore bitter about the execution of the Girondins *(die zweiundzwanzig)* on 31 October 1793. Survived the revolution and described it in *Le Nouveau Paris* (1799), which Büchner consulted (see 'Büchner's main sources' above).

**Mirabeau** Still held in great esteem at the time of his death in 1791 for his part early in the revolution, Mirabeau was discovered later to have intrigued regularly on behalf of the court, which had financed him. There is evidence that Danton received money from the court through Mirabeau.

**Momoro, Mme** Her husband was a founder member of the Cordeliers club and a leader of the Hébertist faction. She had represented the Goddess of Reason in Chaumette's Fête of Reason in Notre Dame, November 1793.

**Orléans, Louis Philippe, duc D', known as Philippe Égalité, 1747–93** Paraded his liberalism, but was suspected of desiring to become constitutional king of France. He was guillotined in November 1793. The accusation that Danton received money from him has some evidence behind it.

**Paris (surnamed Fabricius)** A juror in the Revolutionary Tribunal who warned Danton of his approaching arrest.

**Payne (= Thomas Paine, 1739–1809)** The only Englishman to sit in the Convention; he was arrested as an adherent of Girondism in 1793. In prison he wrote *The Age of Reason,* which rejects revealed religion, the Bible and religious institutions, but does not put forward the atheistic views which Büchner attributes to him in the play. (It is very probable that Büchner did not know Paine's book but merely used his name; see R. Majut's article 'Georg Büchner and some English thinkers', *Modern Language Review*, 48, 3 (July 1953), pp. 313f). According to Thiers, atheistic views were held by Cloots, the Dutch nobleman, who was in prison on the charge of conspiracy and atheism and there zealously preached atheistic materialism to his fellows. The same account of Cloots is given in Strahlheim and Büchner may have used it as a basis for the views which he attributes to Paine. The structure of the arguments however is purely Büchner's own (see notes 4ff, Act III, 1).

**Philippeau (= Philippeaux)** A religious man whose way of meeting his execution seems to have aroused admiration.

**Pitt, William, 1759–1806** Prime minister of England during the French Revolution. England had been at war with France since February 1793, and it was Pitt's policy to blockade the ports of France (see p. 35).

**Renaudin** See note 6, Act III, 2.

### Robespierre, Maximilien François Marie Isidore de, 1758–94

Robespierre's control of events in the revolution began with his election to the Committee of Public Safety in July 1793, which he dominated until shortly before his execution exactly a year later. His policy was to strengthen the Committee of Public Safety as the organ of government, and his idea of revolutionary government itself was that it should rule by 'virtue' and 'terror' (or 'intimidation'), the one principle being useless without the other (pp. 36 and 43). He had opposed the Girondins, then the Hébertist extravagances and cult of Reason, and having removed this faction of the *exagérés,* he turned his attention to the Dantonists, the *modérés,* whom he had defended up to that point. In the scene which gives the clash of viewpoints between Danton and Robespierre, Büchner lets Robespierre appear as the advocate of a social as well as a political revolution (but see note 1, Act I, 6). It is true that the Laws of Ventôse (February–March 1794), by which the property of recognised enemies was to be distributed to the poorest classes, were considered by Robespierre and Saint-Just to be of great importance, and that Saint-Just in his *Institutions républicaines* develops this idea of economic redistribution still further.

Thiers obviously dislikes Robespierre, describing him as a pious man without passions and without vices, but also without moral grandeur, a man of strong convictions, however, and of recognised integrity. His pitiless rigorism, vanity and sombre way of life distinguish him sharply from the easy-going Danton, and his intention to confine France inside the straitjacket of his own austerity reinforces a decidedly unattractive portrait. In reporting the events leading up to the trial of Danton, Thiers does not hesitate to call Robespierre a hypocrite. His grave respectability was intensely admired both by the common people and by his friends in the Jacobin club, who were always anxious to distinguish his *sagesse* from Marat's fanaticism. Thiers describes him as well aware of his own reputation and reports his self-righteous account of his own virtues when he was accused of tyrannical procedure. Against the unfavourable impressions we have to set Thiers' acknowledgement of Robespierre's generous and skilful defence of Danton when the Convention raised accusations against him in 1793, and the account of his indulgence towards Camille until provocation became too great. Mignet appears to take his assessment of Robespierre from Thiers, and gives an entirely negative picture of a mediocre man achieving success by dint of obstinacy. He attributes to Robespierre a long-premeditated intention of destroying Danton. It is, in fact, difficult to estimate whether Robespierre hesitated so long before attacking Danton because of his former friendship, or from expediency. But his spiteful footnotes to Saint-Just's indictment of the Dantonists can be interpreted as showing his intense hatred of Danton. Büchner lets us see

135

Robespierre in a lonely torment of mind, trying to convince himself that he is not to be blamed for the destruction of Danton (see introduction, p. 5). He also makes a point of letting Saint-Just take the initiative in the arrest of the Dantonists.

**Ronsin** Commandant of the revolutionary army, sent to quell the reactionaries in Lyon; he was also one of the leaders of Hébertism, and was executed with the Hébertists on 24 March 1794.

**Saint-Just, Louis Antoine Léon, 1767–94** The youngest member of the Committee of Public Safety (twenty-six years old at his death in July 1794), to whom Robespierre entrusted the business of drawing up indictments against the Girondins, the Hébertists and the Dantonists. He had always been closely associated with Robespierre, and supported his policy and his principles with fanatical zeal. Because of this relationship he was generally known as 'St. John' (p. 48: 'St. Just liegt ihm wie Johannes am Herzen') and because of the exaggerated enthusiasm of his language as the 'apocalyptic'. Thiers reports that Saint-Just persevered with the trial of Danton when Robespierre hesitated because of the effect of Danton's defence on the Revolutionary Tribunal. The speech which Saint-Just made at the trial is not given by Büchner, presumably because it would be a boring repetition of the indictments made earlier by Robespierre. Saint-Just's 'violent eloquence' is represented before the trial in a speech which (except for the last four lines) appears to have been invented by Büchner (but see also note 6, Act II, 7).

**Vilatte (or Vilate or Villate)** Young juror in the Revolutionary Tribunal, executed 1795. He did not in fact take part in the trial of the Dantonists. He was the author of two contemporary accounts of the French Revolution.

**Vouland** Member of the Committee of Public Safety. Later collaborated, as did Amar, with those who effected the fall of Robespierre.


## Notes to the text

*I, 1 Hérault-Séchelles, einige Damen, etc.*

1 **wie artig sie die Karten dreht!** 'How nicely she plays her hand!' (a *double entendre*).
2 **sie halte ihrem Manne immer das cœur ... hin** i.e. she pretends to love her husband while deceiving him with other men.
3 **lieb** For *lieber*; colloquial uninflected form.
4 **Schlagen Sie den Daumen nicht so ein, es ist nicht zum Ansehn** 'Don't crook your thumb like that, I can't stand the sight of it.'
5 **Buben** The knave in a pack of cards, but also 'boy' or 'son'.
6 **rote Mütze** 'Cap of liberty', the distinguishing mark of the Jacobins, which was a red woollen cap with the peak turned round in front like the Phrygian caps worn as a symbol of freedom in ancient Rome.

7 **der heilige Jakob** The Jacobin club met in the disused monastery of the Jacobins, or French Dominicans; probably a reference to Robespierre as the most prominent Jacobin leader.

8 **Weißt du auch ...** Cf. the opening of the second *Alcibiades* dialogue (an imitation of Plato's *Alcibiades*); Büchner takes the passage from Camille's *Vieux Cordelier* quoted by Thiers, but places it in an entirely different context.

9 **Heute** 24 March 1794, the day on which Hébert and certain of his followers were executed.

10 **Dezemvirn** Mignet calls the Committee of Public Safety *les décemvirs;* any official commission of ten was called by the Romans *decemviri.*

11 **Advokat von Arras** Robespierre was a barrister in Arras when he was elected as a deputy to the States-general.

12 **Genfer Uhrmacher** Rousseau, who was a watchmaker's son and born in Geneva.

13 **Fallhütchen ... erfände** The *Fallhütchen* was a children's padded cap designed by Rousseau for protection. This looks like a satirical reference to Rousseau's educational theories and to his demand for a civic religion in the *Contrat social;* Robespierre, his disciple, in a speech reported by Thiers, had said that atheism was aristocratic but that the idea of a supreme being who guards oppressed innocence and punishes crime was a popular heritage, and that if God did not exist we should have to invent him.

14 **noch einige Nulln** A few more noughts *(Nullen)* onto Marat's figures; in his paper *L'Ami du peuple* in 1790 Marat had said that five or six hundred people should be guillotined.

15 **Gnadenausschuß** The *comité de clémence* proposed in December 1793 by Camille Desmoulins as a measure against Terrorism.

16 **die ausgestoßnen Deputierten** The Girondin deputies expelled from the Convention on 2 June 1793, of whom only a certain number had been executed.

17 **Recht** 'Rights' as opposed to duties; the programme put forward by Hérault and Camille in this scene emphasises individual rights, Epicureanism, aestheticism, cultivated pagan enjoyment over against absolutism, rigoristic moralism and 'Rousseauistic' primitivism, cf. A. Beck, 'Unbekannte Quellen für *Dantons Tod* von Georg Büchner', *Jahrbuch des freien deutschen Hochstifts*, 1963, pp. 529, 555 (relating this scene to the views Camille expressed in his articles).

18 **Narren** The difference between J. G. Seume's workaday prose version of this precept in *Apokryphen* (1806–7) and Büchner's pithy prose can be judged by comparing the passages: 'In jedem guten Staate muß jeder die Freiheit haben, ein Narr zu sein, nur darf der Narr mit seiner Narrheit niemand auf den Fuß treten, weil das zu viele Störungen und Zänkereien geben würde'(J. G. Seume, *Prosaschriften*, ed. with an introduction by W. Kraft (Darmstadt, 1974), p. 1305).

19 **Die Gestalt mag nun schön oder häßlich sein** The parallel formulation is found in *Lenz*, only applied in the context of aesthetic judgement, see H.A.1, p. 86. Goethe's (1799) translation of Diderot's *Essai sur la peinture* (1796) has at the opening of the first chapter: 'Die Natur macht nichts Inkorrektes. Jede Gestalt, sie mag schön oder häßlich sein, hat ihre Ursache, und unter allen existierenden Wesen ist keins das nicht wäre wie es sein soll.' Goethe reinterprets Diderot's statement as follows: 'Die Natur macht nichts Inkonsequentes, jede Gestalt, sie sei schön oder häßlich, hat ihre Ursache von der sie bestimmt wird, und unter allen organischen Naturen, die wir kennen, ist keine die nicht wäre wie sie sein kann.' Büchner avoids the modals 'sollen' and 'können' and thus his formulation comes close to Lenz's own in his

play *Der neue Menoza*, V, 2: 'Was geht mich deine schöne Natur an! Ist dir's nicht gut genug, wie's da ist, Hanshasenfuß? Willst unser Herrgott lehren besser machen?'

20 **Wir wollen nackte Götter ... Liebe!** Possibly an echo of Heine's Utopia with its 'Gottesrechte des Menschen' (in contrast to the 'Menschenrechte des Volks') in the second book of *Zur Geschichte der Religion und Philosophie in Deutschland* (*Werke*, ed. M. Windfuhr, vol. 8/1, Hoffmann & Campe, Hamburg, 1979, p. 61), first published in *Salon II*, Hamburg 1834: 'Ihr verlangt einfache Trachten, enthaltsame Sitten und ungewürzte Genüsse; wir hingegen verlangen Nektar und Ambrosia, Purpurmäntel, kostbare Wohlgerüche, Wollust und Pracht, lachenden Nymphentanz, Musik und Comödien.' 'ach ... Liebe!' is a quotation from a fragment of Sappho to be found in Herder's *Volkslieder. Zweiter Teil* in *Werke*, vol. 1, K.-G. Gerold (Hanser, Munich), p. 407; 'Ach, die gliederlösende böse Liebe quält mich ...'. According to his friend F. Zimmermann, Büchner read Herder's *Stimmen der Völker* as well as *Des Knaben Wunderhorn* by Arnim and Brentano avidly when he was at school.

21 **Römern** A satirical reference to the 'virtuous' republicans, Robespierre and his group, who preached plain living.

22 **Epikur** Epicurus (341–270 BC) taught that the only good is that which is known to the senses, i.e. pleasure or the absence of pain; a perfect harmony of body and mind should be sought in plain living and in virtue, as this gives the highest pleasure; Roman interpreters debased his philosophy to a form of hedonism, and Epicureanism here expresses the attitude to life which consistently seeks pleasure (Camille's is the familiar romantic nectar and ambrosia variety) and avoids pain. Cf. Danton's words, 'Es gibt nur Epikureer ...' (note 6, Act I, 6).

23 **Venus mit dem schönen Hintern** The Callipygian Venus.

24 **Die Leute** The puritanical Robespierrists.

25 **Katonen** 'Catonians' or imitators of Cato the Elder (called the Censor), 234–149 BC, the stern, stoic republican.


*I, 2 Eine Gasse*

1 **Kuppelpelz** Originally the reward of bringing about a match or marriage, here applied to the person of the matchmaker or pander.

2 **Sublimatpille** *Sublimat (Quecksilberchlorid)* is mercuric chloride, an old remedy for syphilis; it is a poison, commonly taken in the form of *Sublimatpastillen*, and Simon is probably calling his wife a 'poisonous pill' rather than a remedy.

3 **Vestalin** 'virgin-priestess', 'guardian of the hearth'. Simon is either being consciously ironic or using a term he does not understand and thus producing unconscious irony.

4 **So reiß ich ...** Simon's rhetoric and his way of breaking into blank verse is reminiscent of Shakespeare's Pistol (see esp. *Henry IV*, Part II, Act II, 4); other reminiscences of Shakespeare occur in this scene, and in the method of introducing a comedy scene at a moment of tragic tension, see Act II, 6.

5 **Virginius** A plebeian centurion who stabbed his daughter to save her from the decemvir Appius Claudius.

6 **kahl** Cf. note 3, Act I, 1.

7 **Römer** For the revolutionaries the Roman Republic was an ideal model. Simon's use of the heroic appellation has a comic effect.

8 **das dritte** 'The third member', a coarse reference to the male member.

9 **gerührt** 'Sentimental'.

10 **Lukretia** Lucretia stabbed herself to death when outraged by Sextus Tarquinius, but first exacted an oath of vengeance from her father and her husband. It has been suggested that Simon is confusing Lucretia with Virginia, daughter of Virginius (see note 5 above).

11 **Appius Claudius** See note 5, above.

12 **Ihr Hunger hurt und bettelt** Compare a passage in *Der Hessische Landbote*, where Büchner lashes the aristocrats of his day for their treatment of the common people (H.A.2, pp. 44f: 'Der Fürstenmantel ist der Teppich ...'). This scene emphasises the people's dire poverty, which is vitally important in the play *(a)* because it is the basis for their dislike of Danton and his friends, since they live luxuriously, and this factor can be played upon by Robespierre (p. 37); *(b)* because it inspires fear in the Committee of Public Safety (pp. 39 and 43).

13 **Kollern** 'Stomach rumblings' (through hunger).

14 **Magendrücken** 'Stomach pains' (through over-eating).

15 **bettlen** Alternative form of *betteln*, now obsolete.

16 **Veto** Meaning the king himself, as having the right of veto in the National Assembly under the constitution of 1791.

17 **Girondisten** See 'Historical background' above.

18 **schmelzen** *Fett machen;* cf. the more usual *schmalzen*, to add butter or fat to food.

19 **wer auswärts geht** 'Anyone who walks with his feet turned out', i.e. like an *aristo*, instead of slouching along like a *sansculotte*.

20 **Die da liegen in der Erden** The end of a song which August Becker, Büchner's student friend in Gießen, liked singing; it begins: 'Kann es etwas Schöners geben / Auf der ganzen weiten Welt, / Als ein lustig Räuberleben / Morden um das liebe Geld!'

21 **Hanflocke** Loop on the hangman's rope.

22 **zapplen** Variant of *zappeln*, now obsolete.

23 **Meinetwegen, ihr werdet deswegen nicht heller sehen!** There is a story of the Abbé Maury, a famous reactionary and a master of repartee, who when threatened by the crowd's shouts of 'L'abbé Maury à la lanterne' replied 'Y verrez-vous plus clair?'

24 **Ohnehosen** *Sansculottes*, i.e. those who wear trousers instead of the knee-breeches worn by aristocrats; the name for the republicans and revolutionaries of the poorer classes in Paris.

25 **Die paar Tropfen Bluts** On 10 August 1792 the Tuileries were stormed and the king's Swiss Guard massacred; on 2 September Paris was in an uproar because of the threat from the Austrian and Prussian armies after the fall of Verdun, and from that date until 7 September there were massacres in the Paris prisons by armed volunteers, to rid the capital of suspected royalists; the greater proportion of those who were killed were in fact non-political prisoners.

26 **Aristides** The Athenian statesman and soldier of proverbial rectitude and patriotism. Robespierre, the 'incorruptible', was compared to him by Camille Desmoulins.

27 **Messias** Robespierre always had a crowd of fanatical women around him who proclaimed him to be a divine prophet and saviour, the new Messiah.

28 **Kommt mit zu den Jakobinern** Since October 1791 the general public had been admitted to the sittings of the Jacobin club.

29 **Baucis** Philemon and Baucis in Greek mythology were a poor old man and his wife

who gave hospitality to Zeus and Hermes; they typify the devoted old couple, and Simon comically uses the wife's name as a sign of his renewed tenderness.

30 **Porcia** Wife of the Roman Marcus Brutus and an ardent supporter of the republican cause.

31 **Sein Wahnsinn ist des armen Hamlet Feind** Cf. *Hamlet*, Act V, 2; 'Hamlet does it not, Hamlet denies it' and 'His madness is poor Hamlet's enemy'.

32 **tugendreich** See note 3, Act I, 1.


## *I, 3 Der Jakobinerklub*

1 **Die Brüder von Lyon** The basis of the scene is to be found in Thiers' account of the letter from the Jacobins of Lyon to those of Paris concerning the counter-revolutionary activities of the city; the reference to Cato and to the patriot Gaillard is also to be found there; the Lyonnais claim that unless they receive encouragement and forces from Paris they will be reduced to committing suicide as did Gaillard when he heard that Ronsin had been arrested. (For Ronsin see the 'Index of historical persons'.)

2 **Wir wissen nicht ...** The spokesman from Lyon, a violent revolutionary, is not sure how to interpret the execution of Ronsin, who was one of the officers responsible for quelling the reactionaries there; he complains that the reactionary 'murderers of Chalier' seem to have regained confidence.

3 **Hure der Könige** Lyon, as the royalist and counter-revolutionary town; she can only be cleansed by the waters of the Rhone, i.e. by drowning the royalists or by letting the Rhone carry away their dead bodies, as Ronsin had promised at the time of the rising in 1793.

4 **Flotten Pitts** William Pitt the Younger, Prime minister under George III, initiated a blockade of the French coast in December 1792.

5 **10. August, ... September ... 31 Mai** For August and September, see note 25, Act I, 2; on 31 May 1793 the insurrection against the Girondins began, leading to the Jacobin *coup d'état* on 2 June.

6 **Dolch des Kato** Cato Uticensis (95–46 BC) was Caesar's chief political antagonist, a man of absolute integrity, who took his own life when he saw that his cause was hopeless.

7 **Becher des Sokrates** The Lyonnais means 'we shall die with you'; Socrates was required by his executioners to drink the hemlock.

8 **Diktionär der Akademie** A standard dictionary of the French language, published first in 1694 by the French Academy. Legendre is referring to people who talk 'posh' French.

9 **der Grund seine Folge** Legendre is himself a Dantonist, but he seems to Collot to be denouncing the Dantonists.

10 **Medusenhäupter** 'Gorgons' heads'; the head of Medusa, one of the Gorgons, retained its petrifying power even after her death.

11 **verwandlen** Variant of *verwandeln*, now obsolete; cf. *versammlen*, p. 50.

12 **Wir warteten nur ...** The best example in the play of a speech 'composed' by Büchner from three sources (see Thieberger, pp. 36–8).

13 **Ich habe es euch schon einmal gesagt** Robespierre, Saint-Just and Couthon had all formulated this official Jacobin view of the situation before; the enemies of revolutionary orthodoxy had been two separate factions, the Hébertists and the

Dantonists; by this date the Hébertist faction had been removed and Robespierre now threatens the Dantonists.

14 **Sie erklärte ... Krieg** See under *Hébert* in the 'Index of historical persons'.

15 **Könige** The source, Strahlheim's *Unsere Zeit*, has 'eine Diversion zum Besten des Königtums'; Büchner makes this more vivid by evoking with *Könige* all the enemies of France at this time.

16 **studierte Ausschweifungen** 'Calculated excesses'.

17 **war befriedigt** Thiers wrote, 'Si Hébert eût triomphé, la Convention était renversée, la république tombait dans le chaos, et la tyrannie était satisfaite'; Thieberger suggests that Büchner mistakenly translated *était satisfaite* by *war befriedigt* instead of *wäre befriedigt gewesen*.

18 **Fremde** Foreign enemies of the republic, including England and Austria (cf. p. 37, line 16).

19 **Erbarmen!** Camille Desmoulins, supporting Danton's policy, had advocated a *comité de clémence*.

20 **Östreich** Abbreviated spoken form of *Österreich*.

21 **Karossen** 'Ornamental coaches'.

22 **Goldhände der Könige** Robespierre is asking whether those who live in luxury, like Danton and his friends, have been plundering the people, or extorting their wealth in the form of bribes from royal pockets.

23 **Einfälle haben** 'Exhibit flashes of wit'.

24 **Man hat ... den Tacitus parodiert** Camille in a number of the *Vieux Cordelier* had quoted passages of Tacitus on the 'tyrannical' reign of Tiberius, with obvious reference to the Reign of Terror.

25 **Sallust ... Katilina** Sallust wrote on Catiline's conspiracy against the consulate, which was foiled by Cicero. The point of the reference also lies in the character of Catiline, the aristocrat turned demagogue, a loose-living man involved in debts. Robespierre pays back Camille in his own coin by this oblique reference to Danton's character.

## *I, 4 Eine Gasse*

1 **Aristokratenleder** 'The skins of aristocrats'.

2 **Minotaurus** The monster, part man and part bull, which consumed a regular tribute of youths and maidens until Theseus destroyed it.

3 **mediceische Venus** The Venus de' Medici, a famous statue in the Uffizi, Florence.

4 **palais royal** was laid out in alleys and gardens and had become a place of public entertainment; it contained shops, cafés and gambling saloons, and was the haunt of prostitutes as well as of political agitators.

5 **Medea** One version of the story of Medea's flight with Jason tells how she murdered and cut in pieces her young brother Absyrtus and scattered the fragments in her father's way to delay his pursuit.

6 **Schönheit ... zerstückelt** An ironical play on an aesthetic idea which goes back to the ancients, that perfection can be achieved in a work of art by taking perfect parts and combining them.

1 **Marion** It has been suggested that Marion is in the line of literary descendants from Prévost's *Manon Lescaut*, a piquant mixture of vice and virtue of the type which fascinated the Romantic imagination (Violette in Brentano's *Godwi* is the nearest likeness if we care to look for one); Marion is of course conscienceless, and Büchner can express his themes – 'Jeder handelt seiner Natur gemäß' and 'Es gibt nur Epikureer, und zwar grobe und feine' – through her view of life (which is rather too conscious), as well as through that of Danton, Camille, Hérault, Payne and Laflotte; in a special sense she is natural, but one must beware of assessing her as naive; it is possible that Victor Hugo's *Marion de Lorme* influenced Büchner's choice of the name, but Büchner's character is different. Her sensuality is another form of fate – an elemental force. There is something undeniably gruesome about this young girl who is made of nothing but appetite and impressionability.

2 **frug** Alternative form of *fragte*, now archaic.

3 **Kleid** i.e. her body.

4 **Absatz** 'Intermission', 'pause'.

5 **wer am Meisten genießt, betet am Meisten** Cf. the definition of religion given by Violette's mother in Brentano's novel *Godwi;* 'Religion sei nichts als unbestimmte Sinnlichkeit, das Gebet ihre Äußerung'; Marion says the same thing, only positively instead of negatively.

6 **quälten sich** For *quälten sich ab;* Lacroix has seen an unevenly matched dog and bitch copulating.

7 **sie nicht einmal in der Sonne sitzen lassen** Cf. *Hamlet,* Act II, 2; 'Let her not walk i' the sun.'

8 **Zellen ... Nönnlein ... Segen ... Disziplin ... fasten ... Priesterinnen mit dem Leib** The religious terms are scurrilously applied to prostitution. *Leib:* the host at the mass.

9 **Adonis** was killed by a boar while hunting; blood-red anemones sprang from his blood.

10 **gangbare Straße** Cf. *Henry* IV, Part II, Act II, 2: *'Prince:* This Doll Tearsheet should be some road. *Poins:* I warrant you, as common as the way between St. Alban's and London.'

11 **Herdweg** A Hessian dialect form. Niebergall uses the word in *Datterich* (Darmstadt, 1843, p. 46): 'Es is mer grood zu Muth, wie wann ich als Bub als am Heerdwäg Eppel gestrenzt [stolen] hob ...'; there is a street in Darmstadt called the 'Herdweg', which was once the 'Weg der Herde' (information from Dr Mulch of Gießen). Presumably Adelaide is here trying to insult Danton in return for his reference to her as a *gangbare Straße*.

12 **Quecksilberblüten** See note 2, Act I, 2.

13 **Sublimattaufe** See note 2, Act I, 2.

14 **barmherzige Schwestern** Ironical reference to the prostitutes as 'Sisters of Mercy' (a Roman Catholic nursing order).

15 **Nachtessen** This takes up the idea 'Ihr Hunger hurt und bettelt' (cf. note 12, Act I, 2, and note 7, Act II, 2).

16 **sich in die Toga zu wickeln** So as to die like Caesar, with resignation.

17 **Paetus es schmerzt nicht** Paetus, a distinguished Roman citizen, and his wife Arria were involved in a conspiracy against the emperor Claudius. When faced with torture, Arria stabbed herself and handed her husband the dagger with the words 'Paete, non dolet!'

18 **er will sich das Gesicht wieder rot machen** Lacroix is probably implying that Legendre wants to pretend to a policy of violence (in spite of his Dantonist sympathies) in order to be on the safe side.

19 **Fingerte auf der Tribüne** Cf. page 49, 'seine dünnen auf der Tribüne herumzuckenden Finger'.

20 **Brutus** Lucius Junius Brutus, founder of the Roman Republic; he is said to have put to death his own sons when they attempted to restore Tarquinius to the throne.

21 **Leiter** Ladder leading to the scaffold.

22 **das Volk ist materiell elend, das ist ein furchtbarer Hebel** The Hébertists had had working-class support, and Lacroix points out that any who were left alive would certainly use the 'lever of hunger' to start a disturbance, unless Robespierre diverted the attention of the people by his indictment against Danton. This is the meaning of the complicated remark, 'Die Schale des Blutes darf nicht steigen, ... einen schweren Kopf'; the picture is of a pair of scales; the scale-pan containing blood from the guillotine must remain heavy if it is not to rise in the air and become the street lantern from which the Committee of Public Safety is to be hanged; therefore Danton's head must go into it. This is not a strikingly successful image.

The idea of the wretched circumstances of the people as the lever which prises them out of their apathy into a revolutionary frame of mind appears several times in Büchner's letters, e.g. to the family (H.A.2, p. 418); to Gutzkow (ibid., pp. 436, 441, 454); in the last-named letter Büchner writes: 'Ich habe mich überzeugt, die gebildete und wohlhabende Minorität, so viel Konzessionen sie auch von der Gewalt für sich begehrt, wird nie ihr spitzes Verhältnis zur großen Klasse aufgeben wollen. Und die große Klasse selbst? Für die gibt es nur zwei Hebel, materielles Elend und *religiöser Fanatismus*. Jede Partei, welche diese Hebel anzusetzen versteht, wird siegen.' Büchner himself tried to use the 'lever' of poverty to rouse the peasants in his pamphlet *Der Hessische Landbote*.

23 **nicht zur Laterne werden soll** i.e. the Committee of Public Safety must send more people to the guillotine if it is to survive itself. (The street lamp is the rough and ready guillotine used by the people, cf. page 32.)

24 **die Revolution ist wie Saturn, sie frißt ihre eignen Kinder** This comparison seems to have become proverbial during the course of the revolution; it was used by Vergniaud and Hébert, but Saint-Just publicly repudiated it. Saturn was early identified by the Romans with the Greek Kronos, who swallowed all his male children except for Zeus because one of them was destined to overcome him.

25 **die Gebeine aller Könige** The images of the ancient kings in Notre Dame were destroyed in October 1793, and religious images had been mutilated in the general purge organised by Chaumette in the name of Reason.

26 **Gemäßigter** 'Moderate'.

27 **Die Schneider von der Sektion der roten Mütze** By the Municipal Law of 1790 Paris was divided into forty-eight sections, of which one was the section of the Bonnet-Rouge (or Bonnet de la Liberté). Tailors are traditionally regarded as mild or effete little men, but even they will feel strong and forceful (will feel the whole of Roman history in their needles) if the 'Man of September' confronts them as a moderate, i.e., for them, a weakling, and they will trample him down.

28 **der Mann des September** Danton saved the republic by his energy in organising volunteers to fight the coalition armies when Paris was threatened in September 1792, and was also considered responsible, with Marat, for the September massacres.

143

29 **St. Just wird einen Roman schreiben** 'Saint-Just will present one of his interminable reports.' This may also be an oblique ironic reference to the fact that Saint-Just had aspired to be an author with his romantic epic poem *Organt*, published 1789.

30 **Carmagnole schneidern** The *carmagnole* was a popular revolutionary style of dress, the coat adapted from a Piedmontese peasant costume; the name was also given to a revolutionary dance and song which became the favourite accompaniment to the executions during the Terror; Barère called his reports on the victories of France by this name. Büchner follows Strahlheim, where Barère is nicknamed 'Carmagnolenschneider': 'Barère will tailor a *carmagnole*', i.e. Barère will make his usual speech helping to send someone to the guillotine.

31 **Das war der Mühe wert!** 'That was a complete waste of time.'

32 **tarpejischer Fels** The guillotine appears to have been called by the name of this famous cliff from which the Romans threw murderers and traitors; Lacroix is saying that Danton's excesses will mean his downfall – he dallies with women instead of saving himself, and his way of life alienates the sympathy of the people. Cf. Benn, p. 147.


## I, 6 Ein Zimmer

1 **wer eine Revolution ...** Büchner has taken this sentence from a report by Saint-Just to the National Convention, recorded in Strahlheim as follows: 'Ich habe es gesagt und wiederhole es, daß an die Verhaftung der Aristokraten das Schicksal der Republik gebunden ist. In der That, die Gewalt der Umstände führt uns vielleicht zu Resultaten, an welche wir nicht gedacht hatten. Der Reichtum befindet sich in den Händen einer großen Anzahl der Feinde der Republik, und Bedürfnisse machen die arbeitende Klasse von ihren Feinden abhängig. Wie kann ein Reich bestehen, wenn bürgerliche Verhältnisse besonders seine Feinde beschützen? Wer eine Revolution nur zur Hälfte vollendet, gräbt sich selbst sein Grab. Die Revolution hat uns zu der ausgemachten Wahrheit geführt, daß, wer sich als den Feind seines Vaterlandes gezeigt hat, kein Eigenthum in demselben besitzen kann.' This passage probably inspired Büchner to make Robespierre the advocate of a social revolution (see the 'Index of historical persons' under Robespierre). However, it is clear that Büchner's Robespierre is thinking of a 'social revolution' in very general terms as moral renewal and the replacement of a decadent class by the healthy aims and energies of the *Volk*.

2 **diese nach allen Richtungen abgekitzelte Klasse** Cf. Büchner's letter to Gutzkow, Strasburg, [ 1836] (H.A.2, p. 455) . 'Unsere Zeit braucht Eisen und Brot – und dann ein *Kreuz* oder sonst so was. Ich glaube, man muß in sozialen Dingen von einem absoluten *Rechts*grundsatz ausgehen, die Bildung eines neuen geistigen Lebens im *Volk* suchen und die abgelebte moderne Gesellschaft zum Teufel gehen lassen.' *Abgekitzelt* possibly means 'worn out by excess of pleasure or refinement, and therefore good for nothing'.

3 **und geht auf seine eigne Art auf seinen Spaß dabei aus** 'And at the same time goes all out for his fun in his own way'.

4 **Fleckkugeln** A (ball-shaped) cleanser to remove stains from clothing.

5 **in's Grabloch ... sperren** 'Imprison in the grave'.

6 **Epikureer** See note 22, Act I, 1 'Jeder handelt seiner Natur gemäß' is a theme running through the play.

144

7 **Kontrast** Danton is saying that Robespierre owes a good deal to vice, as it is a foil for his own virtue.

8 **Es starb kein Unschuldiger!** The *Galérie historique* records these words at the end of the interview which Danton had demanded of Robespierre, at which the exchanges were cold and bitter, Danton violently complaining, Robespierre remaining reserved. To Robespierre's statement that there was no intention to proceed against Danton, Danton replied that innocent republicans should be distinguished from guilty royalists. The passage ends: 'Eh! qui vous a dit, répliqua Robespierre ... avec aigreur, qu'on ait fait périr un innocent.' Danton, with a 'sourire amer', turned to Paris (whose revolutionary name was Fabricius) and said, 'Qu'en dis-tu Fabricius? pas un innocent n'a péri! A ces mots on se sépara: ainsi se termina cette entrevue, la dernière qui ait eu lieu entre ces deux hommes. Danton, en descendant l'escalier avec Paris, lui dit: Il n'y a pas un instant à perdre, il faut se montrer.' Strahlheim represents Robespierre as the stronger of the two in this interview, insisting on the glories of virtue, and heaping scorn on Danton's mode of life. Danton, according to this account, had nothing to answer. Büchner reverses the roles as reported in Strahlheim; for him Danton is the more impressive and dominant character.

9 **das Schiff der Revolution** In a number of the *Vieux Cordelier* Camille had written, 'Le vaisseau de la république vogue entre deux écueils, le rocher de l'exagération et le banc de sable du modérantisme', accusing Hébert of warning the ship of state off the sandbanks of moderation, and himself replying with a warning against the rock of extremism (Thiers, vol. 6, p. 129). Robespierre's words gain added interest if we imagine him taking up Camille's image and turning it against the Dantonists.

10 **und wenn er es mit den Zähnen packte!** implying that if Danton hangs on with his teeth, then his head will be struck off.

11 **Ich weiß nicht, was in mir das Andere belügt** 'I do not know what part of myself tells lies to the other part' (i.e. which is the lie and which is the truth).

12 **er duzte sich mit den Ohnehosen** 'He was fraternizing with the *sansculottes*'.

13 **den Gesetzgebungs-, den Sicherheits- und den Wohlfahrtsausschuß** 'The Legislative Committee, the Committee of General Security, and the Committee of Public Safety'. The Legislative Committee was summoned by the Committee of Public Safety to give more authority to its measures. Saint-Just denounced Danton, Desmoulins, Philippeau and Lacroix at this session (31 March) and proposed their arrest; Hérault had in fact been arrested a few days before.

14 **Pferde und Sklaven auf seinem Grabhügel schlachten** Like Sardanapalus, King of Assyria, famous for his sybaritic way of life. When a flood breached the defences of his besieged capital he made a pyre of his palace treasures and with his concubines perished in the flames.

15 **Generallieutnant** The term is used ironically.

16 **der schöngemalte Anfangsbuchstaben der Konstitutionsakte** See 'Index of historical persons' under Hérault. The *-n* ending of the nominative *Buchstaben* was acquired by analogy with the *-n* ending of other cases. Standard nominative form: *der Buchstabe*.

17 **der alte Franziskaner** *Le vieux Cordelier*, the paper edited by Camille Desmoulins.

18 **Dieser Blutmessias ...** The 'quotations' are invented by Büchner, with the exception of the lines: 'er trägt seinen Kopf wie eine Monstranz' and Saint-Just's reply. But see note 27, Act I, 2.

19 **St. Just liegt ihm ...** See the 'Index of historical persons' under *Saint-Just*.

20 **wie eine Monstranz** Saint-Just wore a high and massive stock in which his head was held up, as Camille Desmoulins scoffed, like a sacred host in a monstrance (J. M. Thompson, *Leaders of the French Revolution*, Blackwell, Oxford, 1988, pp. 200f).

21 **St. Denis** First bishop of Paris, and martyr; popular tradition represents him rising after death and carrying his head.

22 **Münze geschlagen** Perhaps referring to the money which was appropriated from the aristocrats who were guillotined.

23 **den alten Sack** A pun on Barère de Vieuzac's name.

24 **Er ist eine Witwe ... half** Barère was a political weathercock and changed his masters rapidly; he had once worked under Danton at the Foreign Office, but deserted his policy as soon as it suited him.

25 **hippokratisch** The shrunken and livid aspect of the face immediately before death, described by Hippocrates, the ancient Greek physician. It was a favourite word of Jean Paul's, cf. *Siebenkäs*, ch. 2. See also Büchner's letter to his fiancée from Gießen, March 1834: 'Das Gefühl des Gestorbenseins war immer über mir. Alle Menschen machten mir das hippokratische Gesicht' (H.A.2, p. 424).

26 **auch du Camille?** Reminiscent of Caesar's 'et tu, Brute!'

27 **Du hast die Andeutungen ... gemacht** See pp. 35ff.

28 **Fälscher** A group of Jacobins (including Fabre d'Eglantine, Chabot and Delaunay, see p. 63) who falsified an important document during the liquidation of the India Company's affairs in 1793 in order to enrich themselves; the whole shady financial operation came to light at the end of the year.

29 **Fremden** Certain foreigners (such as Guzman, the Spanish adventurer, and the Dane Diederichs) who had been arrested for financial speculation. Both groups, the *Fälscher* and the *Fremde*, were tried at the same time as Danton, to make the charge of corruption more convincing and give an appearance of his complicity with them; it was the custom to try political prisoners with common prisoners in this way.

30 **die Fälscher geben das Ei und die Fremden den Apfel ab** 'The forgers will provide the hors d'œuvre and the foreigners the dessert'. Cf. the Latin *ab ovo usque ad mala (depuis les œufs jusqu'aux pommes* = from beginning to end); the Romans usually began a dinner with eggs and ended it with fruit.

31 **Er hat sie mit seinem Blut erlöst und ich erlöse sie mit ihrem eignen** *Er:* Jesus Christ; cf. Büchner's comedy *Leonce und Lena,* Act I, 4: 'Mein Gott, mein Gott, ist es denn wahr, daß wir uns selbst erlösen müssen mit unserm Schmerz?' (H.A.1, p. 118).

32 **Wollust des Schmerzes** The phrase used by Heine to describe what he called the 'schauerlichster Reiz' of Christianity (Heinrich Heine, *Werke*, ed. Manfred Windfuhr, Hoffmann & Campe, Hamburg, vol. 8/1, 1979, p. 126). Cf. Büchner in a letter to Wilhelmine Jaeglé of 1834: 'Ich habe nicht einmal die Wollust des Schmerzes und des Sehnens' (H.A.1, p. 426).

33 **Mein Camille!** Cf. p. 57, 'Wir saßen auf einer Schulbank ...'

## II, 1 Ein Zimmer

1 **Aber die Zeit verliert uns** Possibly a play on the French word *perdre*, which means 'to destroy' as well as 'to lose'.

2 **Tale ... Berge** As the tension grew between the Jacobins and the Girondins they separated into two groups to the right and left of the president's chair; the extreme

Jacobins took their places in the higher seats at one end of the hall and came to be known as the 'Mountain'; 'La Plaine' described those who belonged to neither of these groups, the centre party.

3 **Brutus** Marcus Junius Brutus, who played a leading part in the conspiracy against Caesar.

4 **selbst** The force of this 'even' is explained by reference to Camille's attacks against the Hébertists in the *Vieux Cordelier*, which were largely instrumental in effecting their downfall; Danton was generally suspected of inspiring a good deal of what Camille wrote.

5 **Sektionen** See note 27, Act I, 5. Danton probably means here a group of representatives from the sections at the Palais Royal.

6 **Leichenbitter** It used to be the custom in country villages for an officially appointed person to go round and invite people to the funeral *(Leiche* here = 'funeral').

7 **Reliquien wirft man auf die Gasse** See note 25, Act I, 5.

8 **die nämlichen Falten zu ziehen** 'pull the same kind of face.'

9 **Cordeliers** See the 'Index of historical persons' under *Desmoulins*.

10 **der Gemeinderat tut Buße** The Paris commune had at first supported the Hébertists, but gave their allegiance to Robespierre after the arrest of their leader, Chaumette.

11 **31. Mai** marked the beginning of the struggle between the Paris commune and the Convention over the Girondin members; Danton's words indicate that he does not feel energetic enough to fight it out against Robespierre in the Convention.

12 **sie** Robespierre and his supporters.

13 **ich will lieber guillotiniert werden, als guillotinieren lassen** It is interesting that Büchner takes over from Mignet these words of Danton, but omits his outburst of anger against Billaud and Robespierre, supplying instead an expression of his own pessimism; thus Danton, instead of feeling personal animosity against Robespierre at this point, sees both himself and his opponent as involved in the wretched fate of mankind as a whole.

14 **wir sind elende Alchymisten** i.e. we are trying to convert base metals (base human nature) into gold (something pure) and it can't be done.

15 **Zübern** A dialect form; the normal plural is *Zuber*.

16 **Nimmt man das Vaterland an den Schuhsohlen mit?** This historical utterance (see Thieberger, p. 40) is included by Büchner to show in a striking and elliptical form Danton's continuing patriotism – an important element to set side by side with his weary pessimism. His past services to France (see p. 74) still bind him to his country.

17 **als Lukretia auf einen anständigen Fall studieren** 'Study to play my part as well as Lucretia when it comes to my turn,' implying that Lacroix has given up all hope in the face of Danton's attitude. There is possibly a pun on *Fall* here; the second meaning would be 'prepare for a decent downfall like Lucretia' (whose innocence was betrayed; see note 10, Act I, 2).

## *II, 2 Eine Promenade*

1 **Jaqueline ... Kornelia** It was part of the fashionable cult of the Roman 'ideal' to change one's Christian name to the name of a heroic model; Büchner makes mock heroic play with the custom. See also note 30, Act I, 2 and P., p, 528.

2 **Bänkelsänger** Büchner often introduces anonymous characters into his plays to underline and comment on a theme, cf. the showmen and artisans in *Woyzeck*.

3 **Was doch ist** A well-known Swabian folksong.

4 **Pike, Marat** The ominous name of the 'friend of the people' is coupled with the people's revolutionary weapon; after this symbol of the revolution the citizen wants two more names for his child meaning 'something useful and something honest', and selects 'Pflug' and 'Robespierre'. The pike and the plough, together with the red cap and the sheaf, were the insignia of the Republic.

5 **Romulus** With Remus, his twin, the mythical founder of Rome; he killed Remus for leaping over the wall around the site.

6 **Daß ich ein Narr wäre. Das hebt einander.** 'I wouldn't be such a fool. The discomfort [of working] cancels out the enjoyment you get after it.'

7 **in den Leib gekriegt** A *double entendre;* they have had neither customers nor a hot meal since the day before.

8 **meh** Dialect form of *mehr*.

9 **Mute mir nur nichts Ernsthaftes zu** 'Don't expect anything serious from me.'

10 **das neue Stück** 'the new play'. An anachronistic attack on the modern romantic trend in the theatre of Büchner's day in the wake of Victor Hugo. Herbert Wender in 'Anspielungen auf das zeitgenössische Kunstgeschehen in *Dantons Tod*' in *Zweites Internationales Georg Büchner Symposium 1987*, eds B. Dedner and G. Oesterle (Frankfurt a.M., 1990) pp. 223–244, points to a contemporary work which could have been the model, *Le Tour de Babel*, produced in Paris in 1834, a spectacular drama by no less than thirty romantic authors (see P., p. 533).

11 **leicht und kühn in die Luft gesprengt** 'Boldly and buoyantly executed'; *einen Bogen sprengen* = put up or spring an arch without pillars.

12 **Man schwindelt** *Es schwindelt einem* 'one gets dizzy'.


## *II, 3 Ein Zimmer*

1 **Ich sage euch ...** Compare with these views on art those expressed by Büchner's Lenz; the relevant passage begins; 'die idealistische Periode fing damals an' (H.A.1, p. 86); see especially Lenz's remark: 'Ich verlange in Allem – Leben, Möglichkeit des Daseins, und dann ist's gut: wir haben dann nicht zu fragen, ob es schön, ob es häßlich ist, das Gefühl, daß Was geschaffen sey, Leben habe, stehe über diesen Beiden und sey das einzige Kriterium in Kunstsachen.'

2 **verzettelt** Two meanings of *verzetteln* are possibly combined here: (*a*) to sort into a card index (implying deadening pedantry); (*b*) to scatter and disperse in small unimportant components (losing the sense of the whole).

3 **Fiedelt Einer eine Oper** Another example of false art and escapism, possibly an anachronistic reference to Paganini's virtuoso interpretation of an opera theme in the early 1830s on one string of the violin (see H. Wender, 'Anspielungen', pp. 229f and cf. note 10, Act II, 2).

4 **Pygmalions Statue ... Kinder bekommen** Implying that there is no substitute for 'real life'. Compare Heine's version (*Zur Geschichte der neueren schönen Literatur in Deutschland* (1833) later published as *Die romantische Schule* (1835), in *Werke*, ed. M. Windfuhr, vol. 8/1, 1979, p. 155), which occurs in the context of his critique of Goethe, whereas the parallel passage to the opening of this scene in Büchner's letter of 28 July 1835 is directed against Schiller (see also P., pp. 537f).

5 **die Force** La Force, a Paris prison.
6 **Man hat mich gewarnt** It was Paris (Fabricius), one of the jurors in the tribunal, who warned Danton of his imminent arrest.
7 **Wir saßen auf einer Schulbank** in the Paris Collège Louis-le-Grand.
8 **Er hat mir immer große Anhänglichkeit gezeigt** Robespierre had defended Camille at the Jacobin club and approved of his *Vieux Cordelier* when it was the organ of attack on the Hébertists, but Thiers records that he showed signs of impatience soon after this.
9 **Ach Scheiden** From the closing verse of the song 'Dort droben auf hohem Berge' (Hessian). Büchner establishes the tender relationship between Camille and Lucile together with her foreboding, thus providing the basis for the pathos of their parting and her madness in Act IV.


## II, 4 Freies Feld

1 **Freies Feld** Danton plays with the idea of death and thinks of the obliteration of memory and even the annihilation which it might bring. The scene (based on the report in Strahlheim that Danton spent the day before his arrest roaming about undecidedly) sounds themes which are to develop in importance: the theme of memory involving the ghastly recollection of the September massacres, which Danton longs to lose, and yet involving Julie, whom he longs to retain even beyond death; and the theme of nihilism, working up to a climax in the intellectual death throes of the prison scenes.
2 **lief ich** 'I ran' or 'I would be running like a Christian to save my enemy', i.e. my memory, the implication being that this is a ridiculous thing to do if his aim is to obliterate his memory. Death in Paris, which means the extinction of memory, is preferable to safety with the living memory of the horrors of the past. The following scene illustrates the anguish Danton suffers from his memory of the September massacres; see note 3, Act II, 5.
3 **Dort** i.e. in exile.
4 **kehrt um** To look back to Paris.


## II, 5 Ein Zimmer

1 **modern** Literally 'rot', i.e. 'die away'.
2 **Unter mir keuchte die Erdkugel in ihrem Schwung** Danton's dream gives a vivid picture of his sense of exposure to horrifying and uncontrollable forces; the world is a wild horse which drags him in terror through space.
3 **Die Könige waren ...** This has the air of a catechism which has been repeated often before – Julie knows the part she must play in quietening Danton's conscience; the list of events must be recalled – the foreign armies threatening Paris after the fall of Verdun, the counter-revolutionary stirrings within the city, the necessity to strike at the internal as well as the external enemy; Danton had saved the country by taking steps which he was forced to take.
4 **Festungen** Longwy and Verdun (August–September 1792).
5 **es muß ja Ärgernis kommen** Matthew 18:7; cf. the important letter from Büchner to his fiancée describing the effect the study of the French Revolution has had on him, and containing the passage: 'Das *muß* ist eins von den Verdammungsworten,

149

womit der Mensch getauft worden. Der Ausspruch: es muß ja Ärgernis kommen, aber wehe dem, durch den es kommt – ist schauderhaft. Was ist das, was in uns lügt, mordet, stiehlt? Ich mag dem Gedanken nicht weiter nachgehen. Könnte ich aber dies kalte und gemarterte Herz an deine Brust legen!' (H.A.2, p. 426).

6 **das war dies Muß** 'This was the same "must"' (the same compulsion) .

7 **Puppen sind wir** Cf. the same letter as is mentioned in note 5 above; the relevant passage is quoted in the introduction, p. 3.

## II, 6 Straße vor Dantons Haus

1 **Straße vor Dantons Haus** This scene shows that Büchner is concerned to provide comic relief between the scenes of high-pitched dramatic excitement and emotion; cf. the scene *Platz vor der Conciergerie*, Act IV, 4.

2 **Der Freiheit eine Gasse!** Quoted from the first verse of Theodor Körner's *Aufruf* (1813).

3 **Eichelkron** A deliberate 'misunderstanding'; *Eichel* means acorn and also the glans of the male organ.

## II, 7 Der Nationalkonvent

1 **Dekret** Probably the decree against the constitutional immunity of deputies; Danton was not allowed to appeal to the Convention.

2 **Frankreich ... rettete** By his prompt action in raising troops to send to the front.

3 **gestern** = *naguère,* 'but lately'.

4 **Chabot, Delaunay und Fabre** See note 28, Act I, 6.

5 **Ausschüsse** The Committee of Public Safety and the Committee of General Security.

6 **Es scheint in dieser Versammlung** It is generally considered that this speech is entirely Büchner's invention. It is possible that Couthon's words reported in Strahlheim gave the initial impulse: 'Liegt es nicht in der Natur der Dinge, daß eine so neue und so viel umfassende Revolution, als die unsrige, heftige Convulsionen und starke Bewegungen nach sich ziehe ...?'. See P., pp. 546f for possible echoes of d'Holbach and de Sade. The last words of the speech, beginning with 'Alle geheimen Feinde ...' are quoted exactly from Strahlheim (from the speech by Saint-Just of 13 March 1794 before the Convention). There are many references in Vilatte's *Causes* (see p. 2) to fanatical and cynical speakers who see as necessary the bloody toll exacted by the revolution. Saint-Just is quoted as saying that a people can renew itself only on heaps of corpses. Vilatte records Barère's remarks in the same vein and Hérault's questioning of the idea of renewal through bloodshed, adding his own protest against the 'vulcanists' who compare revolution to the violent workings of nature. Passages of this kind are evidence for the ruthless vulcanism of Saint-Just and others.

7 **Weltgeist** W. Martens' view *(Euphorion,* 54, 1960) is that Saint-Just is expressing, anachronistically, Hegelian ideas in that the revolution is part of the necessary progress of the *Weltgeist;* history, here made analogous to nature, is the working out of an immanent law which subordinates individuals to the development of the ideal abstraction, *Menschheit.* On the other hand, Werner R. Lehmann has pointed out (in *Gratulatio: Festschrift für Christian Wegner,* 1963, pp. 199ff) that the idea of a superior spirit presiding over history and electing its infallible instruments is to be

found in Rousseau and Fichte, and has given chapter and verse for Büchner's borrowings from Fichte in his school exercises. Lehmann's point is that Büchner parodies the vocabulary of his own earlier thinking, as well as the inflated metaphors of this type of revolutionary idealism.

8 **14. Juli, 10. August, 31. Mai** The fall of the Bastille (1789), the storming of the Tuileries (1792), the rising against the Girondins (1793).

9 **Moses** Exodus 14ff.

10 **Töchter des Pelias** On the advice of Medea, the daughters of Pelias cut in pieces and boiled their father in a cauldron to restore his youth; the image is not a happy one, as they failed in their attempt.

## III, 1 Das Luxemburg

1 **Luxemburg** The State prison.

2 **Payne** A note on Payne's views in this scene will be found under his name in the 'Index of historical persons'.

3 **Anaxagoras** See the 'Index of historical persons' under *Chaumette*.

4 **Voltaire** attacked orthodoxy in Church and State in his writings, but was nevertheless a deist, occasionally conformed even to religious rites, and was for lengthy periods a courtier.

5 **muß denn Gott einmal schaffen** Cf. Büchner's account, in the *Cartesius* MS, of Thomas Hobbes's *Objectiones* against Descartes' *Meditationes:* 'Außerdem, wenn man auch bewiesen hätte, daß es ein unendliches, independentes, allmächtiges Wesen gebe, so folgt doch nicht daraus, daß dasselbe auch der Schöpfer sei ...' (H.A.2, p. 198).

6 **gescheut** = *gescheit*.

7 **Ich nehme mit einem geringern Vater vorlieb** 'I'd be ready to accept a less imposing father'.

8 **Spinoza hat es versucht** in the *Ethics,* Part I.

9 **Man kann das Böse leugnen, aber nicht den Schmerz** Cf. Büchner's notes on Spinoza's *Ethics:* 'Wenn man auf die Definition von Gott eingeht, so muß man auch das Dasein Gottes zugeben; was berechtigt uns aber, diese Definition zu machen? Der V e r s t a n d ? Er kennt das Unvollkommne. Das G e f ü h l ? Es kennt den Schmerz' (H.A.2, pp. 236f). If we accept Caroline Schulz's diary entry of 16 February 1837 as a true report of what were almost Büchner's last coherent words before his death, we must admit a remarkable change in his feeling; Caroline Schulz writes that Wilhelm Büchner heard his brother speak the following words: 'Wir haben der Schmerzen nicht zu viel, wir haben ihrer zu wenig, denn durch den Schmerz gehen wir zu Gott ein!' – 'Wir sind Tod, Staub, Asche, wie dürften wir klagen?'

10 **Fels des Atheismus** The rock on which atheism is built; cf. Danton's views on page 81.

11 **Ich weiß nicht ob es an und für sich was Böses oder was Gutes gibt** Another statement of the theme of relativism to which Danton, Camille, Hérault and Marion have all given expression. R. Majut ('Georg Büchner and some English thinkers', *Modern Language Review* 48, 3, July 1953, pp. 315ff) has pointed out the similarity between this and the following passage from Hobbes's *Leviathan,* which Büchner might very well have known in a German translation: 'But whatsoever is the object of any man's appetite or desire, that is it which he for his part calleth "good"; and the object of his hate and aversion, "evil"; and of his contempt "vile" and "inconsider-

able". For these words of good, evil, and contemptible, are ever used with relation to the person that useth them: there being nothing simply and absolutely so; nor any common rule of good and evil, to be taken from the nature of the objects themselves' *(Leviathan,* Part I, ch. 6). The *Moral and Political Works* (London, 1750) were available in German from 1793 onwards *(Leviathan,* Halle, 1794). For Büchner's knowledge of Hobbes see note 5 above and R. Majut's article.

12 **kömmst** archaic for *kommst.*

13 **Rosenkränze** The effects of venereal disease. Büchner plays on the medical term (denoting a bead-like formation) and the idea of rosaries; cf. note 22, Act III, 6 and Shakespeare's quibbling references in *Henry IV,* Part II, Act II, 4, lines 47f.

14 **seine Mutter** i.e. the revolution itself, which 'devours' its own children. Cf. note 24, Act I, 5.

15 **zweiundzwanzig** On 31 October 1793 twenty-two Girondins were executed (see page 126); all the prisoners would recognise the reference to the 'proverbial' twenty-two (cf. Thomas Carlyle, *The French Revolution,* book III, especially ch. 8); the overthrow of Girondism meant the beginning of the Jacobin regime, with the domination of Robespierre, and the trial of the Girondins provided a precedent for the subsequent trials of the Hébertists and Dantonists (Thompson, p. 370); Robespierre's decree during the trial of the Girondins that proceedings could be closed after three days if the jurors declared that they had sufficient evidence (Thiers, vol. 5, p. 421 ) proved fatal for the Dantonists (Thiers, vol. 6, p. 222); cf. note 7, Act III, 6.

16 **Die Macht ... sind eins** Spoken to Hérault because he had once said these words as president of the Convention at the time of the rising against the Girondins.

17 **Generalprokurator der Laterne** Camille had called himself 'Procureur général de la Lanterne' in his pamphlet *Discours de la lanterne aux Parisiens* (1789).


## *III, 2 Ein Zimmer*

1 **Wir losen nicht** 'We won't draw lots for the jurors'.

2 **Heckefeuer** *Feu de file,* 'running fire'; the term was used when there were a number of prisoners to be condemned at the same time.

3 **zusammengewörfelt** Perhaps *zusammengewürfelt,* 'thrown together' (of heterogeneous elements).

4 **vier Fälscher** Chabot, Delaunay, Fabre and Bazire; see note 28, Act I, 6.

5 **Bankiers und Fremde** See note 29, Act I, 6; certain bankers were also involved in the affair of the India Company; see note 28, Act I, 6. Büchner here combines details from Hébert's and Danton's trials in the sense that bankers were tried with Hébertists, not Dantonists, and the number of nineteen accused *(Es sind ihrer neunzehn)* applies to the trial of Hébert.

6 **Leroi** The five jurors named by Hermann in this scene are all historically attested. For Vilatte see the 'Index of historical persons'.


## *III, 3 Das Luxemburg*

1 **Römer** Ironic reference to the Parisians; cf. note 7, Act I, 2.

2 **Bajazet** A Turkish sultan.

3 **Es ist jetzt ein Jahr, daß ich das Revolutionstribunal schuf** The Revolutionary Tribunal began as the *tribunal extraordinaire,* a special court set up in 1793 when

the counterrevolutionary rising began in the Vendée; there was a marked contrast between the methods of ordinary and those of extraordinary justice, and the arbitrary procedure of the Revolutionary Tribunal during the trial of Danton, which was closured by a special decree, is carefully reproduced by Büchner. Danton claims in Büchner's sources to have 'created' the Tribunal.

## III, 4 Das Revolutionstribunal

1 **Das Revolutionstribunal** This scene represents the first hearing, on 2 April.
2 **Ludwig der XVII** The Dauphin had been proclaimed king by royalists after the death of Louis XVI, but was at this time in prison, where he died in 1795.
3 **unentrinnbare, unbeugsame Gerechtigkeit** Words quoted scornfully by Danton from the bill of indictment which he has before him.
4 **Lästerung** A reference to Saint-Just's report before the Convention on 31 March, which comprised a long list of violent accusations against the Dantonists; this report is replaced in Büchner's scene (pp. 61ff) by a speech which appears to have been his own invention (pp. 64ff).
5 **Marsfeld** In 1791 Danton helped to provoke the people to sign a petition on the Champ de Mars for the dethronement of Louis XVI.
6 **10. August** See note 25, Act I, 2.
7 **21. Januar** Date of the king's execution.
8 **platten** Translation of *plats* from the French source, Thiers (Thieberger, p. 48); *platt* usually means 'insipid', 'dull', but is stronger here, with the force of the French word in the above context, meaning 'contemptible'.
9 **Schelle** Thieberger (p. 56) points out that Strahlheim has *Klingel* twice, whereas Büchner alters the second *Klingel* to *Schelle*, evoking the fool's jingling bells.
10 **geätzt** 'fed'.

## III, 5 Das Luxemburg

1 **Halte den Mund zu, deine Mondsichel hat einen Hof** 'Keep your mouth shut, your sickle-moon has a halo,' i.e. the jailor's breath is so heavy with liquor that, according to Laflotte, it forms a halo for his 'sickle-moon' (his nose).
2 **bei ihrem Schein** i.e. by the light of his nose (which is red from drinking).
3 **meine Mondsichel hat Ebbe bei mir gemacht** i.e. 'my nose has cost me (in drink) more than I can afford'. The jailor is indirectly asking for money before he gives up the paper (see his next remark).
4 **Deine Hosen sehen aus, als ob Flut wäre. Nein, sie zieht Wasser** I suggest that Laflotte's remark might mean 'Your trousers look as if you had plenty (of money)'; the jailor's trousers are probably baggy and ill-fitting. In the jailor's retort 'Nein, sie zieht Wasser', *sie* probably refers to *die Hosen* (not to *die Flut);* Büchner, writing in haste, may have overlooked the fact that he had used this word in the plural not in the singular. *Wasser ziehen* means 'to let in water' or 'to hang in folds' (GDW: 'von einem ausgegrabenen grunde heißt es *er zieht wasser,* wenn sich quellwasser darin sammelt ... übertragen sagt man: *die strümpe ziehn wasser,* hängen herunter ... die *trikots dürfen kein wasser ziehen,* d.h. falten zeigen'). The second meaning appears to fit the context better. 'Nein, sie zieht Wasser' would then be 'No, these are just folds' (not full pockets as Laflotte supposes). R. Majut suggests on the other hand

that Laflotte's remark 'Deine Hosen sehen aus, als ob Flut wäre' should perhaps be taken literally, with the meaning 'You look a pitiful wretch' (a modern counterpart being 'Du siehst aus, als ob du dir in die Hosen gemacht hättest'); '*Ja*, sie zieht Wasser' would then be a more intelligible reply than the negative one. The whole passage gives the impression that Büchner is attempting the effect of 'Shakespearian' puns and has not had time to work them out adequately.

5 **Sie hat sich vor Eurer Sonne verkrochen, Herr** *Sie= Mondsichel* (nose). The conversation here returns abruptly to the first theme. The jailor's nose *(Mondsichel)*, confronted with Dillon's more brilliant one *(Sonne)*, has hidden itself; his moon has paled before Dillon's sun. If Dillon wants to read by the light of the jailor's 'sicklemoon' he must make it fiery again, i.e. give him money for drink.

6 **Justizpalast** Seat of the Revolutionary Tribunal, situated on the *île de la cité*, which explains the reference to the bridges.

7 **Ödipus** Laflotte alludes to Oedipus, who married his mother and was therefore in a sense his own father; Laflotte intends to give birth to his own life (regain his freedom) by 'marrying the moment' and betraying Dillon; but he does not intend to follow Oedipus as far as blinding himself, thus, 'Ich würde mir hintennach die Augen nicht ausreißen' (line 5). Büchner is being over-complicated here and the analogy does not seem particularly successful.

8 **Assignaten** *Assignats* or bills of exchange issued in 1790 which had become a new paper currency by 1791.

9 **Tertie** One sixtieth of a second; possibly a pun on Jean Paul's *Sterbensterzie* (i.e. *Todesaugenblick)*, see *Titan,* Fünfte Jobelperiode, 28. Zykel.

10 **Der Schmerz ist die einzige Sünde** Laflotte also follows the Epicurean view of life in his own way.

11 **Loch** Slang expression for prison.


## III, 6 Der Wohlfahrtsausschuß

1 **Der Wohlfahrtsausschuß** The second hearing, on 3 April, has taken place before this scene opens; the accused have demanded to be allowed to call some fellow deputies as witnesses.

2 **Verweigerung der Zeugen** 'Refusal to allow witnesses'.

3 **Jupiter** Sky-god, later chief of the gods, who punished perjurers with thunderbolts.

4 **Samson** or Sanson, of the Florentine family Sansoni. Henri Sanson was public executioner from 1793 to 1795, like his father, Charles Henri, who had executed Louis XVI.

5 **der hörnerne Siegfried** A famous figure of German legend; he fought a dragon and bathed in its blood which gave him a horny skin, proof against all weapons.

6 **Septembrisierten** Those massacred in September 1792.

7 **Die Geschwornen ...** Proceedings could be closed after three days if the jurors declared that they had sufficient evidence.

8 **Wagt!** Danton's famous words when Verdun had fallen were: 'For victory we must dare, and dare, and dare again. So France will be saved.'

9 **St. Pelagie** A Paris prison.

10 **Lukretia ... Tarquinius** See note 10, Act I, 2.

11 **Bürgerin ... wünschest** These words are found in Strahlheim but are attributed there to Couthon.

12 **St. Just kommt zurück** In what follows Büchner contrives to give a clear indication of the incipient opposition in the Committee of Public Safety to the policies of Saint-Just and of Robespierre; the rhetoric produced by Barère and Collot before Saint-Just's exit from the scene is the usual high-flown habit of speech, but is of course also meant as a parody of Saint-Just's own manner (cf. p. 64), and the ridiculing of Robespierre behind his back is significant of later historical developments. Ironical too is the fact that those who support Robespierre and Saint-Just are no better than the Dantonists in their way of life.

13 **das ist schon mehr vorgekommen** 'Many people have done the same'.

14 **Wir werden sie aber mit dem Märchen in Schlaf erzählen** *'This* fairy-tale will send them to sleep all right', i.e. will send them to the guillotine.

15 **Sie** The Dantonists.

16 **Konsul** Cicero had the associates of Catiline, the conspirator, put to death without allowing the right of appeal; later he was attacked for this by Clodius, who had Caesar behind him.

17 **Jupiter ... Semele** Zeus loved Semele and answered her desire that he should visit her in all the splendour of a god, but she was consumed by his lightning and the fire of his thunderbolts.

18 **Specifikum** 'Special remedy'.

19 **liegen** Fall victim to the guillotine.

20 **Wann kommst du wieder nach Clichy?** Büchner seems to take it for granted that the reader knows how certain members of the Committee indulged themselves when off duty; Clichy was one of the fine country houses which they kept for the purpose.

21 **Haarstern** 'comet', but also the pubic hair of the Clichy prostitutes (Reddick).

22 **Rückenmark** The spinal cord suffers in the later stages of syphilis.

23 **Demahy** See the 'Index of historical persons'.

24 **Mahomet** i.e. a moral and political fanatic and prophet figure who, like the hero of Voltaire's drama *Le Fanatisme ou Mahomet le Prophète* (1741), is an egotistical tyrant with a destructive will to power. Billaud, however, adds the adjective 'impotent' to distinguish Robespierre from the erotomaniac Mahomet. Büchner knew Fichte's passages on Mahomet, based on Goethe's translation of Voltaire's play, in the eighth of the *Reden an die deutsche Nation* (1808); see W. R. Lehmann, 'Robespierre – "ein impotenter Mahomet"', *Euphorion,* 57, 1963; Büchner's main source, Strahlheim, describes Robespierre as 'ein neuer Mahomed', whose ascendancy was based on lies and deceit (see M. B. Benn, p. 125). He may also have known Vilatte's comparison of Robespierre with Voltaire's Mahomet, together with his designation of Robespierre as 'a new Mahomet' *(Mystères,* ch. 20), i.e. a fanatical tyrant. Carlyle, who knew Vilatte, also refers to 'Mahomet Robespierre' *(The French Revolution,* vol. 3, book 6, ch. 4).

25 **Und ich? ...** Barère argues that by going over to the Robespierrists and condemning his former associates he is doing no worse than the prisoner who turned on his fellow prisoners and was saved for doing so (lines 15–17); he (Barère) was like the prisoner in the sense that he too was facing death by his very situation (lines 20–22). Since the prisoner's action was not condemned, then surely his (Barère's) action in sending the Dantonists to the guillotine cannot be condemned; the case is the same, only somewhat more complicated. And if the prisoner was able to murder one, could he murder two or three or even more? Where does it end? (lines 23–24). 'Da kommen die Gerstenkörner' he then says. The 'murders' he is about to commit by helping to condemn Danton and his friends are here compared to barleycorns. 'How

155

many make a heap?' he asks, i.e. when does murder begin to look considerable? Barère's argument is as tempting and soothing to his conscience as is chicken-food to the chicken (lines 25–27). The puzzle of the heap is usually credited to Eubulides of Miletus, a contemporary of Aristotle, to whom Büchner refers in his notes on Greek philosophy; see H.A.2, p. 343. (I am grateful to Michael Leiser for the suggestion that Büchner may well have taken his metaphor from Eubulides.) 'Komm mein Hühnchen' comes from the children's rhyme 'Kommt Hühner bibi' from *Des Knaben Wunderhorn*.

26 **Septembriseurs** The hired volunteers who murdered the prisoners in 1792.

## III, 7 Die Conciergerie

1 **Die Conciergerie** Once a royal dining hall, now a prison near the Palais de Justice and thus regarded as the antechamber to the guillotine.

2 **Klassentheorie** M. B. Benn (p. 279) suggests that rather than an allusion to Linnaeus' or Oken's classification of plants, this refers to 'the theory according to which the universe is, as it were, a divinely appointed system of *school classes* in which souls who prove their worth are promoted (*versetzt*) from one class to the next higher one – from the earth to purgatory, from purgatory to paradise. In that case the "first class" must be taken to mean, as in England, the lowest class, not, as usually in Germany, the highest class. The mention of *Schulbänke* in the last sentence of Danton's speech makes it certain that, whatever else he may be thinking about, he is *also* thinking of school classes.'

3 **Atheist** Danton does not believe in a personal God; his absolute is Nothingness, and it is impossible to attain to this; but involved as he is in the horror which is life and death (both of which he sees as forms of decay) he can envisage the possibility of a God – *Ruhe, Nichts* – which is neither life nor death but complete annihilation (cf. p. 93: 'Das Nichts ist der zu gebärende Weltgott'). R. Majut has pointed out a parallel in a passage in Nietzsche's *Zur Genealogie der Moral* where he refers to Epicurus: 'das hypnotische Nichts-Gefühl, die Ruhe des tiefsten Schlafes, L e i d l o s i g k e i t kurzum – das darf Leidenden und Gründlich-Verstimmten schon als höchstes Gut, als Werth der Werthe gelten, das m u s s von ihnen als positiv abgeschätzt, als d a s Positive selbst empfunden werden. (Nach derselben Logik des Gefühls heißt in allen pessimistischen Religionen das Nichts G o t t.)' (*Zur Genealogie der Moral*, ed. G. Colli and M. Montinari, de Gruyter, Berlin 1988, p. 382).

4 **Satz** Danton rehearses here what sounds like a basic principle (*Satz*) of the presocratic philosopher Melissus, noted by Büchner in his excerpts from Tennemann's *Geschichte der griechischen Philosophie* (1798–1819): 'Das Wirkliche kann nicht vergehen, denn etwas kann nicht zu Nichts werden' (H.A.2, p. 316).

5 **der ewige Jude** 'The Wandering Jew'. The legend tells of a Jew who taunted Jesus on the way to Golgotha and was for this condemned to eternal wandering on earth.

6 **das Nichts ist der Tod, aber er ist unmöglich** Their only hope is complete annihilation, the true death for which they long; but this is impossible, for the world, like the Wandering Jew, must continue to exist.

7 **nicht sterben können, wie es im Lied heißt** In C. F. D. Schubart's poem 'Der ewige Jude' Ahasver cries out 'Ha! nicht sterben können! nicht sterben können! / Nicht ruhen können nach des Leibes Mühn! / Den Staubleib tragen! mit seiner Todtenfarbe / Und seinem Siechtum! seinem Gräbergeruch!'

8 **diese Art des Faulens** i e. life.

### III, 8 Ein Zimmer

1 **Kommission** The accused men had demanded a commission to receive the denunciations they wished to make of the Committee's plans for a dictatorship.
2 **ein Papier** Saint-Just's decree (p. 79).

### III, 9 Das Revolutionstribunal

1 **Das Revolutionstribunal** This is the third hearing (4 April).

### III, 10 Platz vor dem Justizpalast

1 **Veto** See note 16, Act I, 2.
2 **Fremde** i.e. Pitt; the public mind in 1794 was taken up with the idea that France was full of Pitt's agents plotting to undermine the French government, and Danton was suspected of receiving money from them.

### IV, 2 Eine Straße

1 **Ich werde bald eins gehabt haben** Büchner uses Dumas' ruthless cruelty to his own wife, whom he delivered up to the Revolutionary Tribunal, as an illustration of the typical *Revolutionsmann*.
2 **Brutus** See note 20, Act I, 5.

### IV, 3 Die Conciergerie

1 **Die Conciergerie** This scene creates an atmosphere of horror and characteristically introduces at the same time a contrasting lyrical pathos.
2 **nach Platon** Camille is here playing his own extravagant variation on Danton's metaphor of the shoes; *nach Platon* probably refers to the Platonic doctrine underlying Camille's metaphor, i.e. that every human body is the abode of a daemon (= Camille's *Engel*); see *Timaeus* 90 a–d, especially: 'As to the supreme form of soul that is within us, we must believe that God has given it to each of us as a guiding genius – even that which we say, and say truly, dwells in the summit of our body and raises us from earth towards our celestial affinity, seeing we are of no earthly, but of heavenly growth: since to heaven, whence in the beginning was the birth of our soul, the diviner part attaches the head or root of us and makes our whole body upright' (*The Timaeus of Plato*, ed. R. D. Archer-Hind, London, 1888, pp. 335f).
3 **Es geht aber auch danach** 'Things are just what you might expect.'
4 **Wir haben uns sonst schon mehr miteinander die Zeit vertrieben** 'We used to amuse ourselves more with each other.'
5 **Wie schimmernde Tränen** Possibly Danton's imagination is playing again about the myth of the creation as the suicidal wound which Nothingness has dealt itself (p. 81); the universe, as well as the world and man, demonstrate then this 'absolute' suffering, and the stars can be said to be the tears of pain shed by the *Nichts* (or the 'absolute' or 'God', see p. 81). Or Danton could be imagining (for once) a divine eye which weeps to see the fate of human creatures. R. Majut, 'Büchner and some

157

English thinkers', pp. 310ff, has drawn a parallel with a passage from Thomas Carlyle's *Sartor Resartus*, London, 1897, book 2, ch. 8, pp. 145f. Teufelsdröckh complains: '*Ach Gott*, when I gazed into these stars, have they not looked-down on me as if with pity, from their serene spaces; like Eyes glistening with heavenly tears over the little lot of man!' Majut has brought forward other evidence of the similarity between what he calls the 'panpessimistic views' of Büchner and the early Carlyle. He adds, however, that there is not the slightest possibility that Büchner ever knew Carlyle's story (although it had appeared in instalments in *Fraser's Magazine* in 1833–4). He suggests that a common source for the metaphor may be found in Jean Paul, and cites *Quintus Fixlein* (section 'Die Erzählung'), where the sky looks on the earth 'mit allen Sternenaugen': 'Durch den glimmenden Flor aber ließ der gute Himmel seine Abend-Thränen tief in die Erde hinunterfallen.' The context is entirely different – Jean Paul is describing a peaceful evening scene – but, as Majut remarks, 'the recollection of an impressive metaphor need not be associated with the whole passage which contains it'. It is interesting that Carlyle in *The French Revolution* mourned the notabilities of France during the Terror in the same terms: 'O my brothers, why is the reign of Brotherhood *not* come? It is come, it shall have come, say the Citoyens, frugally hobnobbing. – Ah me! these everlasting stars, do they not look down "like glistening eyes, bright with immortal pity, over the lot of man"!' (vol. 3, book 6, ch. 3).

6 **Himmelsdecke** Danton has used his feeling of claustrophobia for further musing on the theme of death, with its viler associations (p. 87); Camille, with his more sensitive imagination, has the nightmare of the shrinking universe with its more beautiful horror. In *Lenz* this psychotic state keeps recurring, cf.: ' "Jetzt ist es mir so eng, so eng, sehn Sie, es ist mir manchmal, als stieß' ich mit den Händen an den Himmel; o ich ersticke!"' (H.A.1, p. 92).

7 **Nachtgedanken** Edward Young's *The Complaint, or Night Thoughts on Life, Death and Immortality*, 1742–5, a blank verse poem in nine books which was translated into most of the European languages. M. Matton, in the essay he appended to his edition of Camille Desmoulins' *Vieux Cordelier* (Paris, 1834), reports that Desmoulins read in the Conciergerie prison a few pages of Young's *Night Thoughts* and James Hervey's *Meditations among the Tombs* (1746). Büchner would have met this in his sources; see Beck, *Unbekannte Quellen*, pp. 497f.

8 **Pucelle** *La Pucelle* (1755), Voltaire's scurrilous epic on Joan of Arc.

9 **barmherzige Schwester** i.e. a prostitute. Cf. note 14, Act I, 5.

## *IV, 4 Platz vor der Conciergerie*

1 **für den Kopf** 'Per head', a gruesome pun.

2 **Es stehn zwei Sternlein an dem Himmel** A folksong verse; Chamisso, Uhland, Justinus Kerner and Herder have varying versions of it (Majut).

## *IV, 5 Die Conciergerie*

1 **des vers** Pun on the French word with two meanings: 'worms' and 'verses' (cf. note on Fabre in the 'Index of historical persons').

2 **Wir waschen unsere Hände** *in Unschuld;* cf. Matthew 27:24.

3 **wenn ich ... Couthon meine Waden hinterließe** Couthon was lame.

4 **Was wäre es auch!** 'That wouldn't have amounted to much.'
5 **Klytämnestra** With Aegisthus, her lover, she murdered her husband Agamemnon on his return from the Trojan war.
6 **Simson** See Judges 15:15.
7 **Sie sind Kainsbrüder** 'They are all like Cain' (who slew his own brother).
8 **Nero** According to Strahlheim, Camille called Robespierre a Nero before the Tribunal.
9 **Was sollen wir uns zerren?** 'Why should we argue?'
10 **Ob wir ...** 'Does it matter whether we ...'
11 **Aber wir sind ...** Cf. Büchner's letter to his fiancée from Gießen in (?) March 1834, after he has suffered an attack of fever: 'ach, wir armen schreienden Musikanten! das Stöhnen auf unsrer Folter, wäre es nur da, damit es durch die Wolkenritzen dringend und weiter, weiter klingend wie ein melodischer Hauch in himmlischen Ohren stirbt?' (H.A.2, p. 424).
12 **Molochsarmen** Moloch was a divinity to whom children were sacrificed.
13 **Goldkarpfen** It was customary at Roman banquets to set dying goldfish by the table to entertain guests with their changing colours.
14 **Die Welt ist das Chaos. Das Nichts ist der zu gebärende Weltgott** 'The world is chaos. Nothingness is the world-god which is yet to be born'; the world is only an aspect of death and decay and its activity is a sign of putrefaction (see p. 81). The only salvation lies in complete annihilation, in utter oblivion, in *Ruhe* and *Nichts*; absolute value is therefore to be sought in 'Nothingness', which is in consequence God; but this is not yet attained. Danton's hope is set on Nothingness as the absolute, the pure ideal, the God yet to be born for the salvation of the world. Viëtor has a slightly different interpretation here: 'Ein Chaos ist sie [die Welt] und das Nichts der Gott, der ihr angemessen wäre' (*Georg Büchner*, p. 107).

## IV, 7 Der Revolutionsplatz

1 **Carmagnole** See note 30, Act I, 5.
2 **Hérault ... eine Perücke machen** Büchner did not invent this: according to Vilatte (see 'Büchner's main sources' above) a new sect in 1794 created the fashion of wearing blonde wigs made out of the hair of young people who had been executed. The *réplique* by Hérault is one of Büchner's characteristic additions.
3 **Ihr Berge fallet auf uns!** Hosea 10:8 and Luke 23:30.
4 **Berg** Perhaps with a double meaning here: *Berg* in the sense of the Jacobin 'mountain' (see note 2, Act II, 1) and in the sense of *Venusberg* (*mons veneris*) of Hérault's insult of a few lines earlier, implying that the excesses of the Dantonists have brought them down (as was feared by Lacroix at the end of Act I, 5).
5 **Charon** In Greek mythology a figure who piloted souls across the Styx to Hades; he was represented as a squalid old man.
6 **Ihr tötet uns ... wiederbekommt** Lasource, one of the twenty-two Girondins who had been executed in October 1793, had called out: 'Je meurs le jour où le peuple a perdu la raison; vous mourriez le jour où il l'aura recouvrée.' Cf Thomas Carlyle (*The French Revolution*, vol. 3, book 4, ch. 8), who quotes the source for the proverbial saying (Plutarch's *Life of Phocion*, ch. 9).
7 **Ich sterbe doppelt** The play that Fabre had with him when he was arrested was taken from him and so 'died'; is he referring to this as his 'double' death, or does he

mean that he mourns Danton's death as his own?

8 **Willst du grausamer sein ...** Danton's last words are authentic.


## IV, 8 Eine Straße

1 **Konstitutionsfest** The *fête* of 10 August 1793 in honour of the constitution. Hérault was the official orator at each of the six 'stations' of the *fête*; at the second station, the Arc de Triomphe, Hérault spoke in praise of freedom and of French women, who had overcome the weakness of their sex and shown great courage (on 5 October 1789). He called upon them to bear a race of heroes. Now these former 'heroines' are savouring the spectacle of Hérault's execution (see Beck, *Unbekannte Quellen*, p. 509). The effect is even more ironical when the historical background is taken into account.


## IV, 9 Der Revolutionsplatz

1 **Und wann ich hame geh** Folksong; cf. Carl Köhler, *Volkslieder von der Mosel und Saar*, 1896, no. 125, 'Strafpredigt'.
2 **scheh** For *schön*.
3 **Ellervater** For *Altervater, Großvater*.
4 **Menscher** Pl. of *Mensch* (n.), vulgar word meaning 'whore', 'bad woman'.
5 **Es ist ein Schnitter ...** The first lines of an old Catholic hymn, the *Erntelied*, in the version to be found in *Des Knaben Wunderhorn*. W. R. Lehmann in 'Repliken: Beiträge zu einem Streitgespräch über den *Woyzeck*' (*Euphorion* 65, 1971) has drawn attention to the following features: after her cry of despair in the previous scene she ends with 'Wir müssen's wohl leiden'; the first verse of the *Erntelied* contains the words 'Wir müssen's nur leiden'; here in the last scene of the play Lucile quotes the *Erntelied* again, and the first lines of the last verse are also echoed in her decision to face death: 'Trotz! Tod, komm her, ich fürcht dich nicht, / Trotz! eil daher in einem Schnitt.'
6 **Viel hunderttausend ungezählt** The beginning of the third verse of the *Erntelied*.
7 **Es lebe der König!** Lucile was in fact arrested and sent to the guillotine, but Büchner makes her bring about her own death, borrowing from Strahlheim (see 'Büchner's main sources' above) the detail that the wife of a condemned man would sometimes seek by this method a means of joining him.

# Woyzeck

## Notes to the text

1 **Woyzeck** Büchner took the name from his source (see p. 10)
2 **Stöcke** For the punishment of common soldiers in the army when they were flogged through the line.
3 **er lag auf den Hobelspänen** 'He lay in the coffin', 'he was dead' (cf. p. 116, 'wann der Schreiner die Hobelspän sammelt, es weiß niemand, wer seinen Kopf darauf legen wird'); it is still the custom to collect the shavings when the coffin is made and put them into it.
4 **die Freimaurer** It is most likely that the Freemasons, as a secret society, were regarded with suspicion as well as with awe by ordinary people, especially by those whose imagination was full of folk superstitions. The exploitation of such societies in the eighteenth century by unscrupulous and doubtful characters is a well known fact, and the Church (especially the Roman Catholic body) attacked the Freemasons fiercely. The real Woyzeck felt that he was being persecuted by Freemasons because he saw their secret signs in a dream and thought his knowledge was dangerous. R. Majut has further suggested that Woyzeck may have associated the *frei* of *Freimaurer* with its weird and frightening connotations in words such as *Freischütz* (the hunter in league with the devil), *Freiknecht* (flayer, knacker), *Freihof* (churchyard) (see J.H. Campe, *Wörterbuch der deutschen Sprache*, Braunschweig, 1808, vol. 2, pp. 161f).
5 **Saßen dort zwei Hasen** From the folksong 'Zwischen Berg und tiefem, tiefem Tal'.
6 **Es geht hinter mit, unter mir ... Alles hohl da unten. Die Freimaurer!** The words 'Die Freimaurer! Wie sie wühlen!' in the earlier sketch for this scene (see H.A.1, p. 156, line 22) show that Woyzeck thinks he hears the Freemasons burrowing under the earth; it is as if his naming of them (line 5) has evoked their presence and their desire for vengeance upon him. The hollow sound as he walks on the marshy soil raises this fantasy in his mind.
7 **Ein Feuer fährt um den Himmel** Clearly there are biblical allusions here. The judgement of God on Sodom and Gomorrah (Genesis 19), which is used as a warning in later books of the Bible (see Jeremiah 49:18), shows the Old Testament association of an angry of God with fire: I Mose 19:24 (Genesis 19:24), 'Da ließ der Herr Schwefel und Feuer regnen von dem Herrn vom Himmel herab auf Sodom und Gomorra'. The words 'Fort. Sieh nicht hinter dich' are possibly reminiscent of the story of Lot's wife, who dared to look back as God destroyed the city and who was turned into a pillar of salt. Woyzeck quotes the actual words from the biblical account of the destruction of Sodom and Gomorrah when he goes to Marie in the following scene; see note 13 below. Cf. also p. 108, lines 24f.
8 **ein Getös herunter wie Posaunen** This looks like an allusion to the Day of Judgement scenes in Revelation 8 and 9. Again there is the association with fire, cf.

Offenbarung 8:7 (Revelation 8:7): 'Und der erste Engel posaunte; und es ward ein Hagel und Feuer, mit Blut gemengt, und fiel auf die Erde; und der dritte Teil der Bäume verbrannte, und alles grüne Gras verbrannte.'

9 **Was die Leut wollen** 'Why do they bother? It's not their business.'

10 **Mädel, was fangst du jetzt an?** According to Fritz Bergemann, the closing verse of the song 'Sitzt e schöns Vogerl'. (But see P., p. 746f.)

11 **Hansel spann deine sechs Schimmel an** The last verse of the Hessian *Fuhrmannslied* 'Hat mir mein Vater vierzig Gulden geb'n', from the neighbourhood of Gießen.

12 **Verles** *Verlesung der Namen*, roll call.

13 **und sieh da ging ein Rauch vom Land, wie der Rauch vom Ofen** Quoted from the account of the judgement of God on Sodom and Gomorrah, I Mose 19:28 (Genesis 19:28). The verbal similarity between this and a detail from the passage in Revelation 9 which describes the Day of Judgement is probably significant: 'Und er tat den Brunnen des Abgrunds auf; und es ging auf ein Rauch aus dem Brunnen wie ein Rauch eines großen Ofens, und es ward verfinstert die Sonne und die Luft von dem Rauch des Brunnens' (Offenbarung 9:2). It is obvious that Büchner wants to give Woyzeck the feeling of something awe-inspiring, terrifying and threatening, associated in his bewildered mind with the biblical images of judgement (cf. notes 8 and 51).

14 **Es ist hinter mir gegangen** Cf. *Lenz*, H.A.1, p. 80: 'Es war als ginge ihm was nach, und als müsse ihn was Entsetzliches erreichen, etwas das Menschen nicht ertragen können, als jage der Wahnsinn auf Rossen hinter ihm.'

15 **vergeistert** 'Distracted'.

16 **Furchst' dich?** For *Fürchtest du dich*? The absence of the umlaut is a regional feature and the apostrophe stands for *du*.

17 **als** For *immer* (Hessian dialect).

18 **Ein Mensch muß ... Schöne Welt!** A difficult, only partly legible passage.

19 **Kanaillevögele** For *Kanarienvogel*.

20 **Denk jetzt mit der doppelten Raison** 'Now think twice as hard' (using your animal instinct *and* your human intelligence).

21 **Was sind's für?** 'Was sort are they?'

22 **Mädel mach's Ladel zu** This is the version as given in Franz M. Börne's *Deutsches Kinderlied und Kinderspiel* (1897), see P., p. 756. Cf. no. 185 in the *Elsässisches Volksbüchlein* of 1842 compiled by Büchner's friend August Stöber: 'Maidel mach's Fenster zue, 's kummt e Dragunersbue'. *Ladel* for *Fensterladen*.

23 **sie blinkt mit dem Glas** She makes the reflected light run along the wall by moving the piece of glass.

24 **Mensch** (n.) A loose woman, a drab.

25 **Was der Bub schläft** 'How deeply the boy is sleeping.'

26 **Er** The normal form of address to servants and military subordinates; it died out in the course of the nineteenth century.

27 **mir** Possibly the dative case indicates a conflation with the construction *mir ist schwindlig*.

28 **verhetzt** 'Harassed'.

29 **Er ist ein guter Mensch** According to the report of the Leipzig murder case (see p. 10), the real Woyzeck found it unbearable to be called a 'guter Mensch' by his superiors in this pitying and condescending manner.

30 **es ist nicht von mir** 'They are not my words.'

31 **Lasset die Kindlein** Mark 10:14, Luke 18:16 and Matthew 19:14.

162

32 **Da setz einmal einer mein'sgleichen auf die Moral in der Welt** H4 has 'einer sein'sgleichen' followed by 'auf die moralische Art'; these last four words are crossed out and replaced by 'auf die Moral'. Because of the correction, the sentence takes on a different meaning: 'auf die Moral setzen'. The original, uncorrected version would mean 'Just let one of my class try to bring his own kind into the world in the moral way'. The new meaning is 'Just let one of my kind count on/depend on morality in (this) world'. But it follows that 'sein'sgleichen' must be amended to 'mein'sgleichen' and 'in die Welt' to 'in der Welt' (T. M. Mayer, *GBJb* 8, p. 235).

33 **donnern helfen** Cf. the poem 'Jost', written in 1785 by Gottlieb Konrad Pfeffel (1736–1809), the Alsatian poet and pedagogue: 'Von seinem milden Landesvater / Durch Frohnen abgezehrt, lag Jost / Auf faulem Moos. Ein frommer Pater / Gab in dem letztem Kampf ihm Trost: / Bald, sprach er, wird euch Gott entbinden / Vom Joch, das euch so hart gedrückt: / Die Ruhe, die euch nie beglückt, / Freund, werdet ihr im Himmel finden. / Ach, Herr! rief Jost so dumpf und hohl / Wie aus dem Grab, wer kann das wissen? / Wir armen Bauern werden wohl / Im Himmel frohnweis donnern müssen.' Pfeffel's poems were probably familiar to Büchner; he alludes to his 'Diogen' in the letter to his fiancée from Zurich, 27 January 1837. See also *Lenz,* H.A.1., p. 94. The *Bergmann* in Arnim's *Die Kronenwächter* (book 2, *Der Brunnen*) also uses the phrase: 'Der Geistliche suchte ihm noch Mut einzusprechen, aber der Bergmann blieb dabei, ihm würde im Himmel auch nichts geschenkt werden; er werde da prav tonnern helfen müssen.' (R. Majut, 'Büchner and Arnim', *GRM*, 22, 1934, p. 481). For the relations between Büchner and Pfeffel see Kurt Krolop, 'Büchner und Pfeffel', *Acta Universitatis Carolinae: Philologica*, 3 (1960), pp. 3–12 *(= Germanistica Pragensia* 1).

34 **Wie sollte ich dann die Zeit herumbringen?** I suggest the following interpretation. The captain puts this as if it were an unspoken question from Woyzeck: 'Then how would I spend the time?' (you ask); his answer is that he is continually reassuring himself of his own morality, and so resists temptation. An alternative interpretation sees the captain as continuing in the same vein as his earlier words: 'Was soll ich dann mit den zehn Minuten anfangen, die Er heut zu früh fertig wird?', asking himself a question – and then reassuring himself (John Guthrie, *Woyzeck*, Blackwell, Oxford, 2nd edn, 1993, pp. 69f). The captain is of course referring to himself when he says 'du bist ein tugendhafter Mensch'. All that he says has an air of the grotesque.

35 **ich hab's noch nicht so aus** 'That isn't the way it works out for me.'

36 **Anglaise** Frock-coat of the type worn by petty officials and schoolmasters; cf. Jeremias Gotthelf, *Erlebnisse eines Schuldenbauers* (*Sämtliche Werke,* vol 14, Zurich, 1924, p. 283): 'Man sieht Anglaises, Fracks und halbleinerne, mäusegraue und pechschwarze Kutten, gewöhnlich nach dem Stande, dem jedes Individuum entwachsen ist.'

37 **Du** The more distant *Er* becomes the more familiar *du*.

38 **das zehrt** 'It wears you out'.

39 **Straße oder Gasse** Editor's scene-heading.

40 **Geh' einmal vor dich hin** 'Just walk a few steps.' Marie wants the drum major to show off his paces.

41 **Rühr mich an!** 'Just you touch me!' meaning 'You'll regret it'.

42 **Straße oder Gasse** Editor's scene-heading.

43 **Blase** As a sign of illicit kisses.

44 **Doktor** Possible models for the doctor are Dr J. C. A. Clarus, author of the court

medical report on the real Woyzeck (see P., p. 760 and Reddick, pp. 324 ff), J. B. Wilbrand, professor of comparative anatomy, physiology and natural history in Gießen (see P., p. 763 and Reddick, p. 23), Justus von Liebig, professor of chemistry in Gießen, who undertook dietary experiments on soldiers, feeding them on peas (see P., p. 761). Both professors were lecturing in Gießen when Büchner was a student.

45 **vesica** The bladder.

46 **in dem Menschen verklärt sich die Individualität zur Freiheit** According to Guthrie (p. 71) these words are a thinly veiled allusion to Wilbrand's *Handbuch der Naturgeschichte des Thierreichs* (Gießen, 1828) in which human reason and 'geistige Freiheit' are emphasised. See also Dorothy James, 'The "Interesting Case" of Büchner's *Woyzeck*', pp. 112ff.

47 **salzsaures Ammonium** Ammonium chloride.

48 **Hyperoxydul** A current pharmaceutical term for a component of urine (see Udo Roth, 'Das Forschungsprogramm des Doktors in Georg Büchner's *Woyzeck* unter besonderer Berücksichtigung von H2, 6', in *GBJb 8*, p. 270).

49 **Akkord** 'Contract'.

50 **Proteus** 'Proteus diffluens', generally known as amoeba (see Udo Roth, p. 269).

51 **eine fürchterliche Stimme** There is possibly a reminiscence here of Offenbarung 8:13 (Revelation 8:13): 'Und ich sah, und hörte einen Engel fliegen mitten durch den Himmel und sagen mit großer Stimme: Weh, Weh, weh denen, die auf Erden wohnen, vor den andern Stimmen der Posaune der Drei Engel, die noch posaunen sollen!' This would fit in with the Day of Judgement theme (see notes 7 and 13 above). The words have, however, been compared to those of Büchner's Lenz: 'Hören Sie denn nichts, hören Sie denn nicht die entsetzliche Stimme, die um den ganzen Horizont schreit, und die man gewöhnlich die Stille heißt?' (H.A.1, p. 100); cf. also the earlier passage in *Lenz*: 'Wenn er allein war, war es ihm so entsetzlich einsam, daß er beständig laut mit sich redete, rief, und dann erschrak er wieder und es war ihm, als hätte eine fremde Stimme mit ihm gesprochen' (H.A.1, p. 98). In *Lenz* Büchner explains the psychotic state; in *Woyzeck* he suggests a feeling and an atmosphere that is not explicable in psychological terms alone.

52 **Figuren** Woyzeck feels that the pattern of the toadstools has some special significance; see note 4 above.

53 **Subjekt** 'Patient'.

54 **Straße oder Gasse** Editor's scene-heading.

55 **Sie hetzen sich ja hinter dem Tod drein** 'You're running yourself into your grave.'

56 **kriechen** For 'kriegen'.

57 **mit den Zitronen in den Händen** This refers to the custom of mourners holding lemons in their hands at a funeral; cf. Jean Paul, *Titan* IV, 101 Zykel and *Siebenkäs*, ch. 11.

58 **Sargnagel** If he is playing on the expression *einem ein Sargnagel sein* ('to be a nail in somebody's coffin', i.e. to contribute to the causes of death), the *Hauptmann* has thought up an especially uncomplimentary title for the doctor.

59 **Herr Exerzierzagel** 'Old drill-cock'.

60 **Er läuft als hätt Er ein Regiment Kosacken zu rasiern und würde gehenkt über dem letzten Haar nach einer Viertelstunde** 'You run as if you had a regiment of Cossacks to shave and were due to be hanged in a quarter of an hour as you get to the very last hair.' The captain's heavy joke seems to be directed at Woyzeck's anxiety

164

and (to the captain) senseless hurry; the idea of hair and beards moves his slow mind on to the subject of the *Tambourmajor*.

61 **Plinius** Possibly Büchner means Plutarch, not Pliny; Plutarch reports in *Theseus* 5, 4, and *Moralia* 180b the anecdote that Alexander ordered that the soldiers' beards should be shaven as a final preparation for battle in case the enemy should get hold of their beards in the struggle.

62 **will ein Paar Kugeln vor den Kopf haben?** 'Do you want to be shot?' (presumably for speaking in such a way to his superior); the omission of 'Er' in the second sentence is not unusual in the language of Büchner's time (T. M. Mayer, *GBJb 8*, p. 225).

63 **Ist das Nein am Ja oder das Ja am Nein Schuld?** 'Is the No there because of the Yes or the Yes because of the No?' Woyzeck is speaking as if in a delirium of despair at the possibility of Marie's unfaithfulness; the Yes and No refer to the certainty or otherwise of her guilt. Guthrie (p. 75) draws attention to Matthew 5:37, James 5:12 and 2 Cor. 1:17 as well as to *King Lear* IV, 6.

64 **Frau Wirtin hat 'ne brave Magd** A variant to the fourth verse of the song, 'Es steht ein Wirtshaus an der Lahn'; Woyzeck interrupts Andres before he can sing the last lines (see below in this scene, where he must hear them, and cries 'Andres, ich hab keine Ruh') – he cannot bear to be reminded of the drum major and Marie; this is one of those almost imperceptible touches which mean a great deal.

65 **dir ... ein Loch in die Natur machen** 'Knock a hole in you'(*die Natur = den Körper*); the second artisan is making a rough but friendly attack on his companion.

66 **Ein Jäger aus der Pfalz** Variant of the folksong 'Ein Jäger aus Kurpfalz'.

67 **Zickwolfin** The Clarus report has 'Stich die Frau Woostin tot!' (H.A.1, p. 501) Büchner uses the same words in his play but changes the name first to 'Woyzecke' (H.A.1, p. 150) and finally to 'Zickwolfin'. (a) If Büchner really meant 'Zickwolfin' to be a proper name, then he may have been using a surname which still existed in Munich, Stuttgart, Berlin and Frankfurt a.M. in the early twentieth century; see J.K. Brechenmacher, *Deutsche Sippennamen* (Görlitz, 1936), part 5, col. 1492, and A. F. C. Vilmar, *Deutsches Namenbüchlein*, 8th edn, 1926, p. 43. (According to the preface, Vilmar took his information 'aus dem Leben und aus Urkunden' and since he was a Hessian by birth, he may well have paid special attention to Hessian sources.) A feminine member of the family would be referred to as 'Zickwolfin' (moviertes femininum); these forms with -*in* were still current in the south-west of Hessen-Nassau at least until the 1920s, see L. Berthold, *Hessen-Nassauisches Volkswörterbuch* (Marburg/Lahn, 1927), vol. 3, col. 110, lines 39ff. (This account is based on notes and references very kindly supplied by Professor Luise Berthold, Marburg.) 'Zickwolf' may be a Hessian corruption of Sigiwolf; see M. Gottschald, *Deutsche Namenkunde* (Munich, 1932), p. 364, col. 3 and p. 365, col. 1. The word 'Zickwolf' does not appear to exist as anything but a proper name. If 'Zickwolfin' is meant to be the feminine form of the proper name, it is not clear why Büchner has chosen this name instead of using the authentic surname in the source, 'Woostin'. (b) Apart from the question of 'Zickwolfin' as a proper name, the word may be intended here as a term of abuse. Its appearance at this point in the action must have some exceptional significance connected with Woyzeck's feelings about Marie as they are shown in the preceding scene: 'Dreht euch, wälzt euch ...' (p. 113). In Woyzeck's mind the individual sin of Marie becomes generalised so that the inn presents to him a scene of corruption (a new Sodom) with again an echo of the Day of

Judgement theme ('Warum bläst Gott nicht die Sonn aus ...', cf. Offenbarung, 8:12). At this point Marie is for Woyzeck a corrupt creature, fiercely sensual, inspiring him with horror. 'Zickwolfin' or 'Zickwölfin' is strongly suggestive of the fiercely passionate, animal nature of Marie (the *Tambourmajor* calls her 'wild Tier'). Büchner probably chose it for its evocative power. 'Zicke' (Ziege) was already used in MHG as a pejorific term for a woman, and so is roughly equivalent to English 'bitch'. (In MHG 'zick' and 'zicken' have the connotation of evil and falsity.) The possible meaning is then 'false, evil she-wolf/bitch'.

68 **dunkelblau pfeifen** *Pfeifen* can mean 'to drink schnaps'; *blau* means 'drunk'. Perhaps the *Tambourmajor* is saying that he is going to make Woyzeck drink schnaps until he is completely drunk. On the other hand a footnote in the Clarus report on the Woyzeck case (H.A.1, p. 512) explains that the expression 'der Kerl pfeift dunkelblau' was a common local one in Leipzig, meaning 'er macht sich gewaltig breit'. If this is what Büchner had in mind, then the *Tambourmajor* may be saying 'Let him show off as much as he likes'.

69 **allein** Presumably sitting apart from the child and the fool at first.

70 **Und ist kein Betrug ...** See Isaiah 53:9 and I Peter 2:22.

71 **aber die Pharisäer ...** See John 8:3–11.

72 **Das Kind gibt mir einen Stich in's Herz** When the child presses up against her she sees Woyzeck in him and realises what she is doing to both of them.

73 **Das brüht sich in der Sonne!** 'Brühen' means to warm or heat up.

74 **Morgen hol' ich der Frau Königin ihr Kind** Rumpelstilzchen says this in the fairytale when he thinks that the Queen will not guess his name, and will have to give him her child according to the bargain.

75 **Blutwurst sagt: komm Leberwurst** Cf. the folk tale 'Gevatter Mysel und Gevatter Löwwerwirstel' in Stöber's *Elsässisches Volksbüchlein*.

76 **Und trat hinein** See Luke 7:38ff.

77 **Heiligen** Not necessarily a picture of a saint; it could be any picture or representation of a sacred subject, or an illustrated text.

78 **Leiden sei all mein Gewinst** In part a quotation from a pietistic manual of devotion (see Heinrich Anz , '"Leiden sey all mein Gewinst"': Zur Aufnahme und Kritik christlicher Leidenstheologie bei Georg Büchner', in *JGJb* I, pp.160ff); the same hymn is used in *Lenz* (H.A.1, p.84).

79 **Meine Mutter** Perhaps the *Großmutter* who tells the story to the children in the following scene.

80 **Ich bin heut, den 20. Juli** Although the real Woyzeck was forty-one when he committed the murder, his strange states of mind began when he was thirty years old. The date of the Feast of the Annunciation is 25 March, not 20 July.

81 **Hobelspän** See note 3 above.

82 **St. Lichtmeßtag** 'Candlemas day', the feast of the Purification of the Virgin Mary.

83 **Aber warum darum?** Cf. the beginning of a children's song in *Des Knaben Wunderhorn*, vol. 3, *Kinderlieder*, 1808, pp. 73f.

84 **Es war einmal** This *contrafactum* or imitation of a *Märchen* is based on three of Grimm's *Kinder- und Hausmärchen*; the opening of 'Die Sterntaler' describes a little girl who is poor and an orphan, 'von aller Welt verlassen'; the child in 'Die sieben Raben' goes to find her seven brothers: 'Nun ging es immer zu, weit, weit, bis an der Welt Ende. Da kam es zur Sonne, aber die war zu heiß und fürchterlich und fraß die kleinen Kinder. Eilig lief es weg und lief hin zu dem Mond, aber der war gar zu kalt und auch grausig und bös, und als er das Kind merkte, sprach er: "Ich rieche

Menschenfleisch." Da machte es sich geschwind fort und kam zu den Sternen, die waren ihm freundlich und gut, und jeder saß auf seinem besonderen Stühlchen. Der Morgenstern aber stand auf, gab ihm ein Hinkelbeinchen und sprach: "Wenn du das Beinchen nicht hast, kannst du den Glasberg nicht aufschließen, und in dem Glasberg, da sind deine Brüder.'" In 'Das singende, springende Löweneckerchen' a girl seeks her lover from sun, moon and four winds. After the hopeless search the story ends: 'Da stand die arme Weitgewanderte und war wieder verlassen und setzte sich nieder und weinte.' Werner R. Lehmann, in *Euphorion* 65 (1971), has drawn attention to the significance of the word motives in Büchner's *Märchen*, linking up themes at the beginning and the end of the drama. The child in Büchner's version finds no consolation when it reaches the stars, only further disappointment and pain (what looks beautiful is a form of torture, see note 86, and cf. the play of colours in Camille's comparison, p. 93). Note the link with Woyzeck's words in earlier scenes: 'Unsereins ist doch einmal unselig in der und der andern Welt ...'(p. 105), and 'Still, Alles still, als wär die Welt tot' (p. 99). There is also a reference forward to the final isolation of both Woyzeck and his child.

85 **gerrt** i.e. 'geweint' from Hessian 'gerren', 'laut weinen'.
86 **Neuntöter** The red-backed shrike or butcher-bird, which sticks the insects it catches on thorns in order to eat them all together.
87 **Schlehen** For *Schlehdorn*, blackthorn.
88 **Hafen** 'Pot'.
89 **wie lang es jetzt ist** 'How long we've been together'.
90 **wie ein blutig Eisen** The image suggests the Apocalypse: 'and the whole moon became as blood' (Revelation 6:12). It is also a familiar term for the fatal instrument in German fate-dramas (see Hans-Wolf Jäger, '"Wie ein blutig Eisen": Eine Miszelle', in *GBJb* 8, p. 292); when Woyzeck uses the same image in the later scene (*Woyzeck an einem Teich*) it is as if the moon is like a blood-red knife in the sky, proclaiming the murder.
91 **Leute** Berg in the opera makes these two figures the captain and the doctor.
92 **düftig** Meaning both 'neblig' and 'naßkalt' (a survival in Hesse).
93 **Frau Wirtin hat 'ne brave Magd** See note 64 above.
94 **Ins Schwabeland, das mag ich nicht** A verse of a well-known folksong, 'Auf dieser Welt hab ich kein Freud'.
95 **O pfui mein Schatz** From the same song.
96 **ich riech Menschenfleisch** A common fairytale motive; it appears, for example, in 'Tom Thumb', and see also note 84 above.
97 **Lochschneiser** 'Kleiner Waldweg'(C. Schulz).
98 **Barbier** Wolfgang Martens in his article 'Der Barbier in Büchners *Woyzeck*', *Zeitschrift für deutsche Philologie*, 79 (1960), pp. 361ff emphasizes the overlap between characteristics of the *Barbier* in the MSS and those of the *Handwerksburschen*, the *Tambourmajor*, the *Hauptmann*, the *Doktor* and the *Marktschreier*. His view is that the *Barbier* has been called in by the representatives of the law to exercise his traditional office of examining the dead body, in accordance with a custom which continued well into the nineteenth century. The *Barbier* as he appears in earlier scenes in the MSS is conceived on the model of the typical barber in literature since the eighteenth century, with his garrulousness, his love of bragging – especially about his pseudo-scientific knowledge in the medical field – his grotesque appearance and his sudden fits of lachrymose sentimentality.
99 **verlangen tun kann** The infinitive with *tun* survives in the spoken language.

100 **Der is ins Wasser gefallen** Cf. the children's five-line counting rhyme in A. Stöber's *Elsässisches Volksbüchlein*, Spielreime 46 (Spiel mit den Fingern); the first two lines of this are: '*Der* isch ins Wasser g'falle, / *Der* het 'ne eruß gezöüïe.'

101 **Reuter** 'Gebäck aus Kuchenteig, auch Lebkuchen' (*GBJb* 7, p. 201).

102 **David** See 2 Samuel 11.

103 **culs de Paris** Probably what are more decently called *tournures*, an early kind of bustle, cf. Jean Paul, *Siebenkäs*, ch. 13.

104 **Hühnerlaus** A kind of animal flea.

105 **enfoncé** Buried (presumably in the cat's fur).

106 **Rizinus** The Latin term for animal parasites (ticks, lice, etc.).

107 **beweg den Herren doch einmal die Ohren** Carl Vogt in his memoirs (*Aus meinem Leben*, 1906, p. 55) describes an episode in which Professor Wilbrand of Gießen University (see note 44) made his son demonstrate the muscles of the ears in the same way.